PROBLÈMES DE RICHES

Ce livre est adapté du célèbre podcast *Problèmes de riches* créé par Majelan studio avec Charles Carrasco, Victor Dhollande, Margaux Lannuel et Antoine Malo.

ISBN: 978-2-412-09595-9
Dépôt légal: juin 2024
Imprimé en Espagne par Egedsa

Directrice éditoriale: Marie-Anne Jost-Kotik
Responsable éditoriale: Cyrielle Londero-Gobry
Correction: Judith Lévitan
Mise en pages: Jennifer Faisant

Illustrations iStock: page 7 calvindexter, page 47 Liudmyla Bukhtii, page 63 Sandipkumar Patel, pages 83 et 157 StudioM1, page 99 Antagain, pages 119 et 135 GeorgePeters, page 183 liuzishan

Éditions First, un département d'Édi8
92, avenue de France
75013 Paris
France
Tél. : 01 44 16 09 00
Fax : 01 44 16 09 01
E-mail : firstinfo@efirst.com
Site Internet : www.editionsfirst.fr

majelan

PROBLÈMES DE RICHES

FIRST
ÉDITIONS

SOMMAIRE

MIKHAÏL KHODORKOVSKI

L'OLIGARQUE DEVENU OPPOSANT POLITIQUE

INVITÉE

LAURE MANDEVILLE

Grand reporter au *Figaro* et ancienne correspondante en Russie

25 OCTOBRE 2003

Sur la piste de l'aéroport de Novossibirsk, en Sibérie, un avion tarde à repartir. Il était pourtant censé ne faire qu'une escale, le temps de remplir ses réservoirs, avant de poursuivre sa route vers la ville d'Irkoutsk, puis vers l'Arctique…

À l'intérieur, le patron du groupe pétrolier Ioukos, Mikhaïl Khodorkovski, n'est pas vraiment surpris de ce délai. Depuis quelques mois, il sait que chacun de ses voyages d'affaires peut être le dernier. Avant de quitter Moscou, il avait même reçu une convocation du procureur pour de prétendues malversations financières. L'homme le plus riche de Russie vit sur la brèche. D'où son pressentiment : cet avion ne repartira jamais.

Et il a raison. L'appareil est conduit jusqu'à un emplacement un peu plus isolé de l'aéroport. Quand il regarde par le hublot, Mikhaïl Khodorkovski aperçoit des hommes armés tout autour. Ce sont des membres des forces spéciales russes, les *spetsnaz*. L'arrestation se fait sans violence, dans une forme de résignation. Le milliardaire est inculpé pour « escroquerie de grande ampleur » et évasion fiscale. Mais la réalité est beaucoup plus politique. Jugé trop gourmand, l'un des oligarques les plus puissants du pays est en train de voir sa vie basculer.

26 JUIN 1963

Mikhaïl Khodorkovski voit le jour à Moscou, dans une URSS en proie à des difficultés économiques et minée par les rivalités politiques. Nous sommes en pleine guerre froide, un an avant la destitution de Khrouchtchev.

LAURE MANDEVILLE

> « C'est un fils de l'intelligentsia moscovite, je dirais, classique, avec des parents tous deux ingénieurs

chimistes. Quand il grandit, ses parents vont chercher à le préserver. Eux ne se font aucune illusion sur le régime communiste. Ils détestent ce régime, mais ils ne veulent pas que leur enfant chéri, qui est fils unique, puisse être entravé dans sa carrière, dans son évolution au sein de la société qui, à l'époque, est encore profondément soviétisée et dont on ne sait pas où elle va. »

Jeune adulte, Mikhaïl Khodorkovski se tourne vers les mêmes études que ses parents et obtient lui aussi un diplôme de chimiste. En parallèle, il rejoint les Jeunesses communistes, le Komsomol. Sa mère le traite d'imbécile, mais le laisse faire. C'est cet engagement qui va le faire basculer du monde de la science à celui des affaires. Au milieu des années 1980, c'est la Perestroïka, la période des réformes lancées à l'initiative de Gorbatchev. Khodorkovski a une vingtaine d'années… et exactement le profil recherché par le parti pour poser les premières pierres de l'économie de marché.

LAURE MANDEVILLE

« Il va se lancer dans un commerce d'importation d'ordinateurs, qui va lui rapporter un peu d'argent. Argent, qu'il va ensuite investir dans de nouveaux projets. C'est ainsi que, petit à petit, dans cette période de chaos où la capacité à obtenir la signature de tel ou tel bureaucrate est

> déterminante – et il l'a bien compris, en témoignent les protections qu'il a réussi à obtenir du parti –, il crée sa pelote financière et économique jusqu'à être très rapidement multimillionnaire en roubles. Il devient alors un véritable acteur de cette incroyable aventure du capitalisme sauvage qui commence en Russie. »

En 1988, Mikhaïl Khodorkovski devient le patron de Menatep, une banque privée mais très proche du parti communiste. Sept ans plus tard, en 1995, s'ouvre une nouvelle période clé : celle des privatisations. Personne en Russie n'a la capacité financière suffisante pour acquérir les fleurons gaziers et pétroliers qui valent des milliards de dollars. Mais il est hors de question de faire appel à des investisseurs étrangers. Alors, le pouvoir organise des ventes aux enchères au rabais, moyennant une promesse de soutien à Boris Eltsine pour sa campagne de réélection à venir… C'est comme ça que Mikhaïl Khodorkovski met la main sur la compagnie pétrolière Ioukos, pour seulement 360 millions de dollars. Par la suite, l'entreprise vaudra jusqu'à quatre-vingts fois plus.

En 1996, Eltsine est réélu comme prévu, grâce au soutien des oligarques, dont Mikhaïl Khodorkovski fait désormais partie. Mais au sein de cette caste, le patron de Ioukos dénote un peu.

LAURE MANDEVILLE

« Je dirais que dans ce groupe d'oligarques, dont certains sont absolument passionnés par la politique, comme Boris Berezovski ou Roman Abramovitch, qui vont devenir un peu les caissiers et les Raspoutine du Kremlin, Mikhaïl Khodorkovski est en marge. Il est différent. Lui, ce qui l'intéresse vraiment à ce moment-là, c'est le projet industriel et non la politique. Il est un peu à l'écart des enjeux politiques de l'époque. Il reste d'ailleurs toujours sobre : on le voit habillé avec un tee-shirt noir, il vit toujours dans son appartement à Moscou, qu'il a juste privatisé, mais qui n'a rien à voir avec les palais que se font construire à l'époque les oligarques. Et finalement, on peut dire que Mikhaïl Khodorkovski reste marqué par l'éducation de la bourgeoisie soviétique et de l'intelligentsia, qu'il a reçue de ses parents. »

Pas de yacht ou de villa à l'étranger… Mikhaïl Khodorkovski n'adopte pas les codes des nouveaux riches. Et il va bientôt se distinguer de ses pairs d'une manière beaucoup plus dangereuse : en se mêlant… de politique.

26 MARS 2000

L'ancien chef du contre-espionnage Vladimir Poutine est élu à la tête de la Fédération de Russie dès le premier tour de l'élection présidentielle. Et tout au long de sa campagne, le candidat a été très clair : il entend clore la parenthèse Eltsine et rappeler aux oligarques qu'ils doivent « se tenir à distance du pouvoir ».

Dès le début de l'été 2000, le nouveau président organise une réunion avec Mikhaïl Khodorkovski et ses pairs.

LAURE MANDEVILLE

« J'ai assisté à cette extraordinaire période parce que j'étais encore en poste en Russie à ce moment-là. Il régnait une sorte de panique au sein de cette oligarchie où l'on se demandait comment mener cette négociation avec Vladimir Poutine, parce qu'un mois plus tôt, le chef du Kremlin avait déjà fait emprisonner l'un des oligarques, Vladimir Goussinski, pendant quelques jours et récupéré le contrôle de sa chaîne de télé pour l'effrayer, ce qui avait provoqué sa fuite en Israël. Les autres se demandaient donc à quelle sauce ils allaient être mangés, comment ils pouvaient tirer leur épingle du jeu, et pour ce faire, comment ils devaient organiser cette rencontre. Lors de cette négociation, la peur est déjà présente. Cette peur qui

> est quasiment inscrite dans les os des Russes. Cette peur qui a gagné aussi ces hommes qui s'étaient crus si puissants. Ils sont en train de s'apercevoir qu'en Russie rien n'est plus fort que le pouvoir, que celui-ci est carnivore et que le pouvoir économique a toujours été assujetti, en réalité, au pouvoir politique. »

Chez les oligarques, cette démonstration de force se fait bien entendre. Certains quittent tout bonnement la Russie, comme le magnat des médias Boris Berezovski, qui s'exile à Londres. D'autres choisissent de rester, mais adoptent une position purement « business », à bonne distance du Kremlin. Et puis, il y a Mikhaïl Khodorkovski, l'homme le plus riche du pays, qui n'entre dans aucune de ces deux catégories.

LAURE MANDEVILLE

> « Il commence à chercher comment bâtir une opposition politique parce qu'il a compris que s'il n'y a pas de véritable opposition, si l'on n'instaure pas une véritable démocratie, ses affaires ne pourront pas survivre. Sans opposition, il sera toujours à la merci du pouvoir et ne pourra pas se défendre devant une justice indépendante. Pour la première fois, on voit cet homme, jusqu'alors préoccupé avant tout de business, s'intéresser à la construction d'une société civile. C'est à ce moment qu'il crée « Russie ouverte », commence à tisser des liens politiques et à financer plusieurs partis. »

« Russie Ouverte » est une fondation à caractère humanitaire, qui finance par exemple le développement d'Internet dans les écoles. Mais Mikhaïl Khodorkovski ne s'arrête pas là. Il fait planer une menace politique, en annonçant qu'il se retirera des affaires en 2008, juste au moment de la prochaine élection présidentielle. Et surtout, il cherche des alliés à l'étranger, en engageant des discussions pour rapprocher Ioukos de l'Américain Exxon Mobil. Il y voit une sorte d'assurance contre les potentielles attaques de Vladimir Poutine.

Sauf que c'est exactement l'inverse qui va se produire. Le chef de l'État voit rouge à l'idée que les États-Unis s'approchent d'un groupe estimé à 38 milliards de dollars et qui contrôle 20 % de la production de pétrole russe. Nous sommes en 2003, et la rupture est consommée entre Vladimir Poutine et Mikhaïl Khodorkovski. L'opposition s'apprête même à devenir frontale.

19 FÉVRIER 2003

Le patron de Ioukos se rend à une nouvelle réunion au Kremlin.

LAURE MANDEVILLE

« On donne un peu la parole aux différents magnats qui sont présents. Mikhaïl Khodorkovski décide d'attaquer ouvertement le problème de la corruption. Espère-t-il à ce moment-là que le prince va l'écouter ? Je pense que oui. Mais Vladimir Poutine monte au créneau. Une vidéo montre Mikhaïl Khodorkovski en train d'aborder cette question en désignant une petite société qui, apparemment, a été utilisée par une partie du pouvoir pour faire de l'argent. Or, à travers cette compagnie, il pointe du doigt une pratique absolument fondamentale dans laquelle sont impliquées pratiquement toutes les personnes présentes à la réunion. Et de conclure : "On a fonctionné comme ça jusqu'ici, il faut changer, sinon on ne pourra pas construire une véritable économie." Cela montre qu'est encore présente chez lui la naïveté de croire que Vladimir Poutine veut véritablement remettre de l'ordre. »

Mais la réaction du maître du Kremlin n'est pas du tout celle à laquelle s'attend Mikhaïl Khodorkovski. « Je crois savoir que votre compagnie avait aussi des problèmes avec le paiement de ses impôts », rétorque Vladimir Poutine dans une ambiance glaciale.

LAURE MANDEVILLE

« Pour Mikhaïl Khodorkovski, c'est un moment de bascule définitive, et, à partir de ce mois de février 2003,

> ses jours sont comptés avant que le couperet du pouvoir s'abatte. Dès cet instant, de nombreuses personnes l'incitent à partir, comme son numéro deux, qui quitte le pays et lui suggère d'en faire autant. Deux de ses collaborateurs vont être emprisonnés, mais Mikhaïl Khodorkovski décide de rester. Il va au bout de sa logique et de son engagement : il ne veut pas quitter le pays. »

25 OCTOBRE 2003

Une logique qui va le conduire jusqu'à la piste de l'aéroport de Novossibirsk, encerclé par les forces spéciales russes : Mikhaïl Khodorkovski est arrêté.

Une fois l'arrestation effective, Vladimir Poutine procède avec ordre et méthode. D'abord, il sécurise l'avenir de Ioukos : les actifs de la société sont gelés en 2004, puis sa principale filiale de production passe aux mains du groupe pétrolier public Rosneft. Ensuite, il décide de faire de cet « oligarque électron libre » un exemple : le 31 mai 2005, Mikhaïl Khodorkovski est condamné à huit ans de prison au terme d'un simulacre de procès. « Ma condamnation a été décidée au Kremlin », dénonce l'ancien chimiste, qui doit purger sa peine en Sibérie, dans le camp de Krasnokamensk, à la frontière entre la Russie et la Chine.

LAURE MANDEVILLE

« Tous les commentaires de la presse russe de l'époque y voient là une sorte de châtiment venu du haut, une volonté délibérée de casser son moral, de l'éloigner de toute forme d'appui, de toutes ses bases arrière, de sa famille, des partis qui le soutiennent.

Il tombe dans le grand silence des prisons russes, une prison sibérienne où, pour aller lui rendre visite, j'ai moi-même fait la traversée avec sa mère et sa femme dans cette gigantesque steppe. Il faut des dizaines d'heures d'avion, de voitures, etc., pour rejoindre une espèce de petite ville de mines d'uranium, avec des vents de poussière rouge qui rentre dans les narines. Beaucoup ont pensé que c'était une manière de le faire tomber malade. »

Mais Mikhaïl Khodorkovski ne rompt pas. À 6 500 km de ses proches, y compris sa femme et ses enfants, l'ancien oligarque devient un prisonnier comme les autres.

LAURE MANDEVILLE

« Cette personnalité se révèle dans l'épreuve. Et cet homme qui a un physique de l'intelligentsia, qui fait un peu intellectuel avec ses petites lunettes cerclées, son beau visage, se révèle extrêmement résistant dans l'épreuve. Il est dans une geôle avec quatre-vingts prisonniers. Il n'a même pas de cellule à lui…

> Dès son arrivée, il noue des liens spontanés avec tous ces détenus. Il leur donne des cours de géographie, d'histoire, de mathématiques. Il crée autour de lui une sorte de société. Et ça embête beaucoup les autorités pénitentiaires, dont on sait qu'en Russie elles s'apparentent presque à une organisation criminelle, avec propres règles, et qu'elles ont tout fait pour essayer de le briser. Et, un jour, un prisonnier, dont on ne sait pas si on l'a envoyé délibérément contre lui, a tenté de le poignarder d'un coup de couteau dans son sommeil… »

Mikhaïl Khodorkovski est alors transféré dans une cellule à deux. Et à partir de là, l'ancien chimiste devenu homme d'affaires se fait une éducation humaniste. Il lit Tocqueville et Montesquieu, des livres commandés à la librairie voisine de la colonie pénitentiaire. Il écrit un manifeste pour critiquer le tournant du capitalisme sauvage des années 1990… Mais aussi un recueil de portraits de ses codétenus, qu'il publiera à sa sortie de prison.

3 MARS 2009

L'ancien oligarque n'en a pas fini avec la justice. Le 3 mars commence son deuxième procès, encore plus kafkaïen que le premier. L'ancien patron de Ioukos est cette fois accusé d'avoir détourné 350 millions de tonnes de pétrole, soit la quasi-totalité de la production de son groupe alors qu'il le dirigeait! Enfermé dans une cage en verre, devant une salle bondée, Mikhaïl Khodorkovski continue de dénoncer le traitement dont il fait l'objet. Il y dit: « Si je dois mourir en prison, je n'hésiterai pas. Les choses auxquelles je crois méritent qu'on meure pour elles. »

Quand l'ex-magnat du pétrole prononce cette phrase, Vladimir Poutine n'est plus président de la Russie mais Premier ministre de Dimitri Medvedev, considéré comme plus libéral. Les sympathisants de Mikhaïl Khodorkovski y voient une fenêtre de tir: et si le régime décidait de s'ouvrir davantage à l'Occident? En prononçant une peine clémente contre l'opposant soutenu à l'Ouest, la justice pourrait envoyer un signal positif aux investisseurs étrangers... Mais il n'en sera rien.

30 DÉCEMBRE 2010

Près de deux ans plus tard, Mikhaïl Khodorkovski est condamné à quatorze ans de prison. Maigre consolation: sa peine inclut la détention déjà effectuée depuis 2003, il est théoriquement libérable en 2017. À la lecture du prononcé de la peine, sa mère hurle dans le tribunal. Ses soutiens dénoncent une décision rendue juste avant les congés du Nouvel An… une période pendant laquelle ne paraît aucun journal en Russie.

De fait, le sort de Mikhaïl Khodorkovski fait de moins en moins la Une. En 2011, il refuse une proposition de grâce présidentielle car elle comporte une condition : qu'il confesse tous les délits qui lui sont reprochés. Et un an plus tard, Vladimir Poutine fait son retour au Kremlin. Alors, même les médias occidentaux se détournent doucement de l'histoire du célèbre prisonnier politique, dont les perspectives semblent plus que jamais bouchées… Et ce, jusqu'à un jour miraculeux de décembre 2013.

LAURE MANDEVILLE

« Il profite d'une lucarne très étroite, juste au moment des Jeux olympiques et avant l'annexion de la Crimée. Il est libéré grâce à une sorte de négociation où Vladimir Poutine, poussé par les Allemands, Genscher et Angela Merkel entre autres, décide de faire un geste au moment des JO et de le laisser sortir. C'est une véritable échappée miraculeuse. Car deux mois plus tard, avec l'annexion de la Crimée, on se serait retrouvé dans une configuration nouvelle, et jamais il ne serait sorti. Il a profité de cette opportunité pour quitter la Russie et s'installer à Londres où il est encore. »

À 50 ans, et à la faveur d'une improbable grâce présidentielle, Mikhaïl Khodorkovski est donc libre. Avant d'atterrir au Royaume-Uni, l'ancien patron de Ioukos fait escale en Suisse où il retrouve quelques dizaines de millions de dollars habilement placés avant son arrestation… Mais aussi sa femme et ses enfants, dont des jumeaux qui n'avaient que quatre ans en 2003. Pour autant, Mikhaïl Khodorkovski n'entend pas se faire discret et se contenter de profiter de sa famille : à Londres, il utilise ce qu'il lui reste de ses économies pour acheter des locaux où organiser des conférences.

LAURE MANDEVILLE

« Il dit très vite en interviews qu'il est désormais un opposant et qu'il fera tout pour aider son pays à devenir un pays démocratique. Commence alors une nouvelle phase au cours de laquelle il crée une fondation à partir de "Russie ouverte", qui reste active encore pendant un certain temps en Russie parce que tout n'a pas encore été écrasé, tous ces ferments de société civile n'ont pas disparu immédiatement. Mikhaïl Khodorkovski continue donc de résister. Il instaure par exemple, *via* YouTube et les réseaux sociaux qui se développent à ce moment-là, un dialogue immédiat avec la société russe. Il dispose de son blog qui est un lieu de passage, un carrefour d'alerte des élites politiques occidentales, un lieu d'échange avec elles et aussi avec son pays. »

Fin décembre 2015, un nouveau mandat d'arrêt est émis par la Russie à l'encontre de Mikhaïl Khodorkovski, à qui l'on reproche désormais un meurtre, qu'il aurait commis au début des années 2000, une accusation sortie de nulle part… Cette fois-ci, pas question de se jeter dans la gueule du loup : tant que Vladimir Poutine sera au pouvoir, l'ancien oligarque mènera son combat depuis l'Europe de l'Ouest. Un combat accéléré par l'invasion de l'Ukraine, au début de l'année 2022. Un an plus tard, au printemps 2023, Mikhaïl Khodorkovski organise des réunions à l'Ouest pour penser « l'après-Poutine ». À Berlin, il parvient à fédérer soixante-dix groupes d'opposition. Ça n'a l'air de rien, mais c'est un petit exploit quand on sait les luttes intestines qui traversent l'opposition russe.

LAURE MANDEVILLE

> « Il y a beaucoup de critiques à l'intérieur de ce monde de l'opposition russe. Nombreux sont ceux qui estiment que Mikhaïl Khodorkovski s'arroge une légitimité qu'il n'a pas parce qu'il n'a pas été élu, et pointent le fait que ce n'est pas du tout le même cas, par exemple, que la Biélorussie, où la cheffe de file en exil de l'opposition tire sa légitimité de sa candidature à l'élection présidentielle et de la campagne qu'elle a menée à l'intérieur du pays. Elle est passée par l'épreuve des urnes. Et donc il y a tout un débat aujourd'hui, avec les mêmes luttes intestines tout à fait propres à l'opposition russe depuis cent ans. »

Contesté en interne, Mikhaïl Khodorkovski a en tout cas définitivement choisi son camp. Le chimiste, l'homme d'affaires (et le prisonnier politique) ont laissé place à l'opposant farouche à Vladimir Poutine, qu'il veut voir tomber à tout prix. À tout prix, même celui d'une alliance avec le diable : interrogé sur France Inter fin juin 2023*, Mikhaïl Khodorkovski voyait dans la rébellion du chef sanguinaire de la milice Wagner Evgueni Prigojine « une occasion unique de faire tomber le régime ». Avec cet argument : « Aux dictatures ne peuvent s'opposer que des gens armés. » Et après dix ans passés dans les camps pénitentiaires russes par soif de démocratie, l'homme sait de quoi il parle.

* Édition spéciale Russie : « La situation est particulièrement incandescente ce soir », samedi 24 juin 2023.

BILL GATES

L'HISTOIRE D'UNE PHILANTHROPIE EN TROMPE-L'ŒIL

INVITÉ

LIONEL ASTRUC

Journaliste et auteur de *L'art de la fausse générosité*[*]

19 OCTOBRE 1998

Le plus important procès antitrust de la décennie s'ouvre devant le Tribunal fédéral de Washington. Sous les yeux des caméras du monde entier, le juge Thomas Jackson énonce les actes d'accusation : la société Microsoft est soupçonnée d'avoir abusé de son monopole et mis des bâtons dans les roues de ses rivaux. Pour pousser notamment son moteur de recherche « Explorer », l'entreprise aurait fait chanter

—

* Un livre consacré à la Fondation Bill et Melinda Gates, aux éditions Actes Sud, 2019.

les constructeurs informatiques, en menaçant de les priver de Windows.

Bill Gates, le cofondateur de Microsoft, reconnu comme l'homme le plus riche du monde deux ans plus tôt, n'est pas dans la salle. Mais il suit la situation de très près. Il sait que pour son entreprise, les risques sont énormes : les sanctions encourues peuvent aller jusqu'au démantèlement. Surtout, Bill Gates sent le vent tourner. Le milliardaire était jusque-là perçu comme un génie de l'informatique et de l'entreprenariat. Et soudain, les médias racontent une tout autre histoire : celle d'un homme brillant, certes, mais prêt à tout pour amasser toujours plus d'argent. L'image du cofondateur s'effondre avec celle de Microsoft, dont le cours en Bourse dégringole de 30 %.

Bill Gates ne sait pas encore que ce procès durera près de quatre ans, mais il sent vite l'intérêt du public pour cette affaire. Alors, pour redorer son blason, le patron a besoin d'une diversion, et pourquoi pas la philanthropie ? En un claquement de doigts ou presque, l'homme le plus riche du monde s'apprête à devenir le « bienfaiteur de l'humanité »... Au moins en apparence.

28 OCTOBRE 1955

Une quarantaine d'années avant ce basculement d'image, Bill Gates naît à Seattle, au sein d'une famille aisée. Son père est avocat, sa mère professeure des écoles. Et depuis tout petit, ses parents stimulent cet enfant aux capacités hors normes.

LIONEL ASTRUC

> « C'est un enfant précoce qui a un fort esprit de compétition et c'est aussi un enfant à part qui est doté, entre autres, d'une mémoire absolument hors norme. Et donc, il est toujours le premier de la classe. Cela le rend aussi très sûr de lui. Et plus tard, on aura des récits de scènes, teintées d'une petite touche d'arrogance, où il rabroue ses professeurs parce qu'ils ne vont pas assez vite. »

Le jeune Bill Gates n'est pas seulement surdoué. Il a aussi une passion très pointue pour un enfant des années 1960 : l'informatique. Et il a de la chance : à une époque où les ordinateurs sont rarissimes, il y en a un dans son lycée. Un gigantesque PDP-10, vendu à seulement 1 500 exemplaires. Bill Gates rêve de pouvoir l'utiliser autant qu'il le veut, et il n'est pas le seul : l'un de ses camarades de classe s'appelle Paul Allen… et fondera Microsoft avec lui.

Ensemble, les deux adolescents engrènent un troisième copain pour s'introduire au lycée la nuit, et accéder au graal. C'est là qu'ils créent leur tout premier programme informatique, entre deux piratages de systèmes de sécurité.

En 1973, à 17 ans, Bill Gates entre à la prestigieuse université de Harvard. Mais il n'y restera pas longtemps. À peine deux ans plus tard, la société Mits annonce la création d'un ordinateur expérimental en kit, à assembler soi-même. À l'époque, c'est une petite révolution, et le duo du lycée compte bien en profiter.

LIONEL ASTRUC

> « Ils voient tout de suite l'opportunité de développer leur premier "Basic", un langage de programmation. Ils savent que s'ils développent ce langage, cela pourra permettre ensuite aux développeurs de proposer des logiciels pour équiper cet Altair – c'est le nom de cet ordinateur. »

Bill Gates et Paul Allen travaillent d'arrache-pied pour fabriquer ce « Basic », et ainsi devenir un maillon incontournable de la chaîne. Le tout, dans un contexte d'exploration des possibilités encore méconnues de l'informatique…

LIONEL ASTRUC

> « À l'époque, l'informatique est un univers de passionnés qui se réunissent dans des clubs, qui partagent leurs trouvailles. Exactement comme des jardiniers s'échangent leurs graines, on s'échange les bons plans, les nouvelles technologies, etc. Il est donc important de comprendre que les trouvailles de Bill Gates sont directement issues de ce patrimoine collectif de connaissances qui a été construit de manière bénévole par d'autres personnes. »

En s'appuyant sur ce patrimoine, les deux hommes parviennent à créer leur Basic. Et la même année, ils fondent Microsoft, une société destinée notamment à sa commercialisation. Sauf que très vite, un problème saute aux yeux de Bill Gates : les utilisateurs du langage de programmation se le partagent sans payer…

LIONEL ASTRUC

> « Il vit vraiment cela comme une grande trahison, d'autant qu'il en attendait beaucoup de royalties. Il s'aperçoit que non seulement il n'a pas ce qu'il attend, mais en plus que la gratuité se développe, et donc pour lui, le partage, c'est du vol. À ce moment-là, Bill Gates, est effectivement en grand décalage avec ce qui se passe et avec son époque. »

Il écrit une lettre pour demander à tous ceux qui utilisent le Basic de participer à hauteur de leur usage… Et pose cette question noir sur blanc: « Qui peut se permettre de travailler pour des prunes? »

LIONEL ASTRUC

> « Pour moi, c'est une séquence très révélatrice de la méthode qui va lui permettre par la suite de faire fortune et de conquérir une position dominante. C'est vraiment un fan du brevetage. À savoir prendre ce qui existe, créer un péage entre la matière gratuite et la personne qui veut y accéder, et gagner de l'argent en vendant ce qui auparavant était gratuit. Ensuite, il va placer autour de Microsoft un maximum de verrous juridiques pour lui permettre de construire cette économie de rente que beaucoup n'ont pas vu venir. Donc là, il y a vraiment une stratégie qui se dessine. »

Et cette stratégie est payante. À la fin de l'année 1979, chaque ordinateur qui sort sur le marché contient le fameux Basic, quel que soit son constructeur. Bill Gates a 24 ans et son entreprise affiche un chiffre d'affaires de 2,5 millions de dollars. C'est à ce moment-là que le génie de l'informatique flaire une deuxième opportunité. Il apprend que l'entreprise IBM veut développer un nouvel ordinateur. Grand public, cette fois. Pour une diffusion beaucoup plus large que tous ceux qui existent déjà.

LIONEL ASTRUC

« IBM demande à Bill Gates d'équiper les ordinateurs en Basic. Mais Gates, lui, voit plus grand. À ce moment-là, il faut reconnaître qu'il est assez fin stratège et assez visionnaire. S'il y a vraiment une qualité qui dépasse toutes les autres, son génie se trouve ici... »

Pour fonctionner, dans ces années-là, un ordinateur a besoin du fameux Basic, mais aussi d'un système d'exploitation. Et dans ce domaine, le leader du marché s'appelle Digital Research.

LIONEL ASTRUC

« Au moment de cette rencontre avec IBM, il réalise qu'il a l'occasion, avec ce contrat IBM, de doubler Digital Research et de lui prendre le marché. Il affirme donc à IBM que Microsoft sait fabriquer des systèmes d'exploitation. Et que Microsoft l'a déjà fait. C'est une affirmation qui est connue aujourd'hui comme étant vraiment un des plus gros bluffs de l'histoire informatique. »

Bill Gates bluffe, mais il sait comment retomber sur ses pattes. L'entrepreneur se tourne vers un ingénieur, Tim Patterson, qui vient de finir de bricoler un système d'exploitation. Bricoler, c'est le mot : il s'appelle *Quick and Dirty OS*, pour « logiciel d'exploitation vite fait mal fait ». Microsoft le rachète pour une bouchée de pain, procède à quelques adaptations et change son nom. Il s'appelle désormais « MS-DOS », ça fait plus sérieux.

LIONEL ASTRUC

> « IBM signe avec Microsoft pour la fourniture des langages et de ses systèmes d'exploitation. C'est un contrat décisif pour la future fortune de Microsoft, parce que Bill Gates ne vend pas son programme à IBM. C'est ce qu'il faut bien comprendre. En fait, il préfère percevoir un pourcentage sur chaque vente d'ordinateur. C'est vraiment la première étape de la construction d'une fortune. L'ordinateur sort en 1981. C'est la révolution de l'informatique auprès du grand public, et le sacre de la domination de Bill Gates. »

À partir de là, tout s'enchaîne très vite. En 1985, Microsoft sort un nouveau système d'exploitation baptisé Windows, qui aura le succès que l'on connaît. Un an plus tard, la société entre en Bourse : à 31 ans seulement, Bill Gates devient milliardaire. D'année en année, son nom grignote des places au classement des plus grandes fortunes de la planète. Jusqu'à atteindre le sommet, en 1996. Mais le passionné d'informatique ne se repose pas sur ses lauriers. Il crée son propre moteur de recherche, Internet Explorer. Là encore, il existe déjà un concurrent, une entreprise dénommée Netscape. Et là encore, Microsoft l'emportera, au prix de quelques manigances.

4 NOVEMBRE 2002

Au terme de quatre ans de procès, Microsoft conclut un accord à l'amiable de manière définitive. L'entreprise est reconnue coupable de non-respect des règles de concurrence et placée sous surveillance par le gouvernement. Elle échappe de peu au démantèlement tant redouté.

LIONEL ASTRUC

> « C'est vrai que pendant toute cette épreuve judiciaire, Bill Gates était très affecté par ce renversement d'image vraiment catastrophique. C'est à ce moment-là qu'il décide de consacrer davantage de temps et d'argent à la philanthropie. »

La Fondation Bill et Melinda Gates, du nom du milliardaire et de son épouse, est créée en 2000, au beau milieu du procès. Objectifs affichés : réduire la pauvreté dans le monde, améliorer l'accès aux soins ou encore la qualité de l'éducation dans les pays en développement. De nobles causes, mais jusque-là totalement absentes du CV du patron de Microsoft…

LIONEL ASTRUC

> « C'est vraiment l'inverse. Jusqu'en 2000, il est plutôt connu pour son absence record de générosité. Il s'est surtout illustré par son obsession à accumuler,

> à accaparer les richesses, à marchandiser les données qui étaient gratuites. Il était plus connu pour son appât du gain que pour sa capacité à partager. Et il est vrai qu'en 2000, on passe d'un extrême à l'autre. Comme s'il se transformait en quelques jours en abbé Pierre, avec une opération de communication planétaire vraiment bien huilée. »

Envolée, la mauvaise réputation. Il ne faut que quelques mois au *New York Times* pour écrire : « Aucun des grands philanthropes du passé n'avait jamais donné autant durant toute sa vie que Bill Gates à 44 ans. » Quelques années plus tard, en 2005, le milliardaire est même désigné personnalité de l'année du magazine *Time* pour ses bonnes œuvres… Bref, le problème de l'image est résolu, à grand renfort de sommes à dix chiffres : selon les années, la fondation dépense deux, trois, quatre ou cinq milliards de dollars. Dans de nombreux domaines, elle rivalise même avec les États, devenant par exemple le premier contributeur de l'Organisation mondiale de la santé (OMS)…

Dans la seconde moitié des années 2000, Bill Gates frappe encore plus fort, en s'impliquant personnellement. Il cesse de travailler à temps plein pour Microsoft, afin de consacrer davantage de temps à sa fondation. Et surtout, il annonce qu'il fera don de 95 % de sa fortune à la lutte contre les maladies et l'analphabétisme dans les pays du Sud avant sa mort…

LIONEL ASTRUC

> « Ce que souhaite Bill Gates, c'est doubler les autres donateurs et être vu comme le meilleur. Mais en fait, faire ce type de promesses, de donner l'essentiel de sa fortune par exemple, c'est un peu s'arroger la médaille d'or avant d'avoir franchi la ligne de départ et de commencer à courir. C'est-à-dire qu'avant d'avoir fait ce don record, qui n'a pas été fait d'un seul coup, il s'arroge l'image d'un immense bienfaiteur. C'est très malin, mais ce n'est pas du tout ce que font historiquement les personnes investies dans la générosité et dans la philanthropie, qui agissent plutôt avec discrétion, avec humilité. C'est en total décalage avec la réalité, à mon avis. »

Certes peu discret, Bill Gates polit son image de philanthrope. Et pourtant, il s'apprête à gagner encore plus d'argent.

2006

Un journaliste du magazine *The Economist* invente et emploie pour la première fois le terme de « philanthrocapitalisme » dans l'un de ses articles. Trois ans plus tard, il fait de ce néologisme un livre… Avec une photo de Bill Gates en couverture.

LIONEL ASTRUC

« Officiellement, le philanthrocapitalisme consiste à mettre le capitalisme au service de la philanthropie, si je veux utiliser les deux mots clés… D'un point de vue plus pratique, les milliardaires qui pratiquent ce philanthrocapitalisme entendent en fait appliquer les méthodes de leur réussite financière à leurs actions de dons… Mais aussi associer bénéfices et réduction de la pauvreté, c'est-à-dire faire de bonnes affaires grâce à leur action philanthropique. »

Sous la plume de ce journaliste, le terme ne porte pas de connotation spécialement négative. C'est même plutôt l'inverse : il décrit une nouvelle manière de faire œuvre de charité, pour laquelle Bill Gates aurait « ouvert la voie ». Et ce, notamment grâce au fonctionnement de sa fondation.

LIONEL ASTRUC

« La Fondation Bill et Melinda Gates ne dépense pas directement l'argent des Gates. Elle est adossée à un fonds d'investissement, un trust. Donc on a toujours l'impression que Bill et Melinda Gates alimenteraient la fondation avec leur argent et que celui-ci serait directement dépensé pour les différentes causes qu'ils défendent. Ce n'est pas comme ça que ça se passe. Ce sont seulement les dividendes des placements effectués par ce fonds d'investissement qui viennent financer l'action de la fondation. »

Certes, ces placements se font parfois aux antipodes des causes financées par la fondation, dans des secteurs comme l'armement, la malbouffe ou les pesticides. Mais *in fine*, leurs dividendes servent à de bonnes œuvres. Jusque-là, tout va donc bien pour Bill Gates. Mais de premières critiques émergent les années suivantes. Par exemple en 2008, quand le milliardaire est ouvertement accusé d'interférer dans l'attribution des fonds issus de sa fondation… Le constat ne vient pas de n'importe qui, mais d'Arata Kochi, le directeur de recherche sur le paludisme à l'OMS, dans un courrier à son supérieur hiérarchique…

LIONEL ASTRUC

> « Cette lettre porte sur la question de la domination de Bill Gates sur les programmes de recherche. C'est un fait établi depuis longtemps et une source d'inquiétude, y compris au sein de l'OMS. En 2008, Arata Kochi accuse la fondation, dans une lettre qu'il envoie à son supérieur, d'étouffer la diversité des opinions scientifiques. Il explique en fait que le processus décisionnel de la Fondation Gates est totalement fermé en interne et que la fondation n'a en réalité de comptes à rendre à personne d'autre qu'à elle-même. »

La liste des scientifiques et responsables humanitaires critiques de la philanthropie « à la Bill Gates » s'allonge doucement. Et leur analyse est claire : la fondation du milliardaire choisit les études et les programmes qu'elle finance non pas sur des critères scientifiques, mais économiques. Dans le cas du paludisme, par exemple, les recherches subventionnées portent toutes sur le développement de vaccins fabriqués hors du continent africain, et jamais sur les traitements pouvant être produits localement. Or il se trouve que le principal vaccin contre la maladie est développé par la société GSK… qui est appuyée financièrement par la Fondation Gates.

Et cela ne vaut pas seulement pour la santé. Ainsi, toujours en Afrique, la filiale de la Fondation Gates pour l'agriculture mise sur la technologie et les OGM plutôt que sur les cultures vivrières et les semences libres. Le soutien financier est réel… Mais il ouvre aussi, au passage, de nouveaux marchés aux grands de l'industrie agrochimique, comme Monsanto… Et qui trouve-t-on dans la liste des investisseurs de Monsanto ? Le trust de la Fondation Gates…

En 2009, un article de la prestigieuse revue scientifique *The Lancet* va dans le même sens : « L'octroi de subventions par la Fondation Gates semble être, dans une large mesure, géré par un système informel de réseaux et de relations personnelles, plutôt que par un processus plus transparent qui se fonderait sur une évaluation collégiale indépendante et technique. »

Aux yeux de la loi, il n'y a rien de répréhensible. Mais d'un point de vue moral, les pratiques du chantre de la philanthropisme peuvent interroger. Et il en va de même dans un autre domaine : celui de la fiscalité.

En 2012, c'est le Sénat américain qui lève ce nouveau lièvre : Bill Gates finance certes les causes qui lui tiennent à cœur, mais ne participe pas à la redistribution nationale, ou tout du moins, pas autant qu'il le devrait… On apprend que Microsoft conserve près de 93 milliards de dollars de recettes dans les paradis fiscaux *via* des montages d'optimisation… Et évite ainsi de payer près de 30 milliards aux impôts américains.

La révélation fera des petits, avec une enquête du *Sunday Times* sur les pratiques d'évasion fiscale de Microsoft en Grande-Bretagne… Pour échapper aux impôts, l'entreprise fait passer les paiements en ligne de son système d'exploitation Windows 8 par le Luxembourg. Préjudice total à l'époque : 103 millions de livres, soit plus que tout ce que la Fondation Gates n'a jamais donné aux organisations caritatives britanniques.

Résultat des courses, quoi qu'on en pense sur le plan éthique, le « philanthrocapitalisme » consacré par Bill Gates remplit parfaitement ses deux objectifs : apporter une aide financière massive et cruciale au développement ET gagner de l'argent. En 2023, le magazine

Forbes évalue la fortune personnelle du fondateur de Microsoft à 104 milliards de dollars… Soit exactement 50 milliards de plus qu'en 2001, aux débuts de sa fondation.

Mais qu'en est-il de la fameuse image, si chère à Bill Gates et qui l'a poussé à se lancer dans la philanthropie ? Malgré les critiques énumérées, le milliardaire a conservé sa médaille d'or auto-attribuée avant le début de la course… Et régulièrement, il alimente la machine, comme en 2022, avec un don exceptionnel de 20 milliards à sa fondation pour, comme il le dit lui-même, « répondre aux grandes crises de notre époque ».

Pendant ce temps-là, d'autres ont fait fortune : le fondateur de Microsoft n'est plus que sixième au classement des personnalités les plus riches du monde… En attendant, peut-être, que son trust fasse des merveilles.

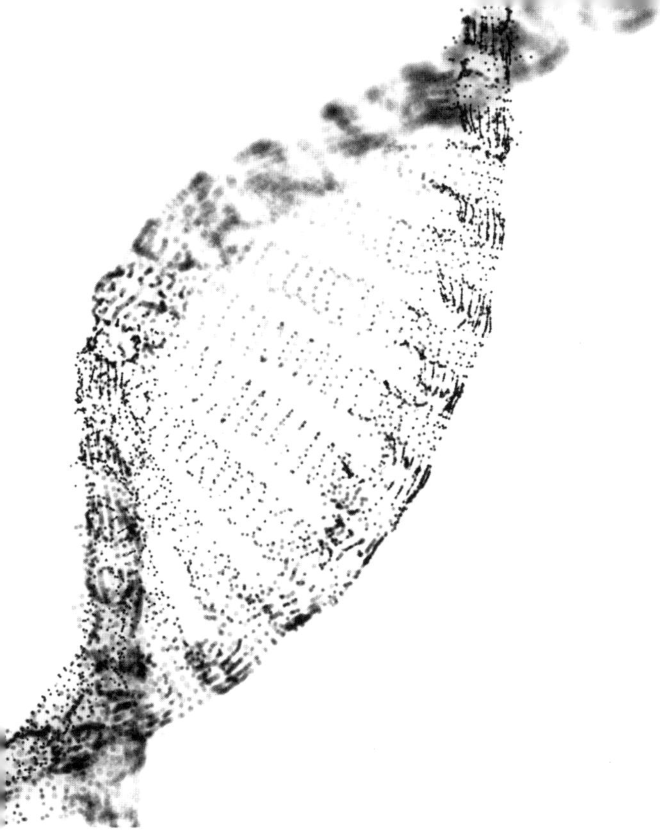

L'IMPOSSIBLE SUCCESSION DE

LA MARQUISE DE MORATALLA

INVITÉ

PAUL NICOLAÏ

Journaliste à France Bleu Pays basque basé à Bayonne

29 NOVEMBRE 2017

Au petit matin, une riche et élégante octogénaire pousse son dernier soupir, dans son cossu domaine de Coumères, sur les hauteurs de Bayonne. À son chevet se trouve l'un de ses enfants, installé avec elle depuis quelques mois pour l'accompagner dans sa maladie. Les employés de la vieille dame aussi sont là, émus. Certains travaillaient auprès d'elle et de ses chevaux depuis des décennies.

La défunte s'appelle Soledad Cabeza de Vaca. Mais elle possède un titre de noblesse : on l'appelle la marquise de Moratalla. Elle est multimillionnaire et jouit aussi d'une notoriété locale, grâce à son impressionnante écurie de chevaux course. À sa mort, son fils rédige un communiqué, pour annoncer le décès à la presse…

Si l'histoire s'arrêtait là, elle serait celle d'un événement tragique mais banal, qui touche les familles fortunées comme les autres. Sauf que la riche marquise a un autre fils. Un fils aîné, qui n'était plus le bienvenu à Bayonne depuis des années. Il apprend la mort de sa mère depuis la Suisse, où il vit. Et à ses yeux, ce décès est plus que suspect. Car l'histoire de cette famille n'a en fait rien d'ordinaire. Depuis plus de vingt ans, elle est émaillée de drames, de soupçons de manipulations et de féroces batailles judiciaires… Une sorte d'« affaire Bettencourt du Sud-Ouest » avec en jeu des dizaines de millions d'euros.

Une fois n'est pas coutume : la fortune des héros de ce chapitre n'est pas issue de leur carrière brillante ou de la réussite industrielle de leurs ancêtres, mais d'un mariage. Ou plutôt, de plusieurs mariages : ceux d'Olga Leighton, la mère de Soledad Cabeza de Vaca.

L'histoire commence au début du XXe siècle. Olga, jeune Anglo-Irlandaise, part aux États-Unis comme fille au pair. Elle y épouse en 1920 un banquier beaucoup plus âgé qu'elle, fortuné, millionnaire même, et qui continue de s'enrichir grâce aux dividendes des fonds dans lesquels il a placé son argent…

PAUL NICOLAÏ

« Un jour, il décède. On est en 1927. Olga est, un temps, soupçonnée de l'avoir empoisonné, mais elle est finalement totalement blanchie. Elle se remarie aussitôt avec un aristocrate espagnol du nom d'Antonio Cabeza de Vaca. Il est descendant de conquistadors et franquiste pur jus... Elle devient donc marquise. Olga a deux enfants avec lui, un garçon et la fameuse Soledad en 1930. Mais décidément, les mariages tournent court. L'aristocrate décède d'une hydrocution, paraît-il, une douche trop froide après une partie de polo... La belle Olga trouve donc un troisième mari, lui aussi espagnol et lui aussi richissime. »

La famille recomposée est donc riche, très riche. Et la mort n'a pas fini de lui tourner autour. Olga et son troisième mari élèvent Soledad et Alfonso, son grand frère. Tandis que l'adolescente brille sur les terrains de tennis, le jeune marquis un peu playboy se passionne pour les sports automobiles. Il en fera son métier, jusqu'à un terrible accident...

PAUL NICOLAÏ

« Là aussi, le tragique le dispute au romanesque. Nous sommes en 1957, lors d'une course automobile en Italie. Alfonso est victime d'un accident mortel. Neuf spectateurs vont également perdre la vie dans cet accident. Alfonso a été pilote de Formule 1, c'était même, et c'est toujours, le seul Espagnol

> avec Fernando Alonso à avoir piloté la fameuse Ferrari. Il décède sur la piste à 28 ans. Il est enterré au cimetière d'Arcangues, au Pays basque. »

La presse publie les dernières photos du champion embrassant sa fiancée, une actrice mexicaine qui venait d'incarner une James Bond Girl au cinéma. La famille Cabeza de Vaca est en deuil… et Soledad en est désormais la seule héritière.

Comme sa mère, Olga, la « jeune » marquise de Moratalla va connaître une existence faite d'argent et de drames. Et comme sa mère, elle choisit de se marier tôt: en 1950, soit sept avant la mort de son frère. Soledad a alors 20 ans et une personnalité détonante. Elle fait notamment partie des rares femmes à jouer à la pelote basque sur les frontons de Biarritz… Son époux s'appelle Maurice Labrouche, un éleveur landais, qui lui offre son tout premier cheval.

Pour la jeune femme, c'est le début d'une passion qui ne la quittera jamais. Casaque rouge et toque vert pomme, Soledad monte à cheval, maîtrisant le trot, le plat et l'obstacle! Mais surtout, elle et son mari créent l'une des plus grandes écuries au monde, qui gagnera sur les champs de courses de toute la planète. La marquise de Moratalla et Maurice Labrouche ont deux enfants, Forester, né en 1951, et Jay, en 1953. Mais à ce moment-là, Soledad n'a pas franchement la fibre maternelle. Tous deux sont donc confiés aux bons soins de leur grand-mère, qui vit en Suisse, tandis que leur mère reste dans le Sud-Ouest auprès de ses chevaux. Elle se sépare de son mari et fait tourner l'écurie toute seule, discrète et respectée par ses pairs.

Le destin épargne la marquise pendant une quinzaine d'années environ.

PAUL NICOLAÏ

> « En 1977, c'est le drame, le fils cadet décède d'une overdose. Il était tombé dans la consommation d'héroïne après avoir perdu un œil lors d'une chute de cheval. Cela ne s'invente pas. Forester reste potentiellement, le seul héritier de la fortune. »

Trois ans plus tard, en 1980, cette fortune change officiellement de main avec un nouveau décès : celui d'Olga, la mère de Soledad. L'héritage comprend des propriétés, des meubles rares et des bijoux… Mais aussi des fonds soigneusement placés dans des trusts, ces entités de droit anglo-saxon qui permettent de transmettre du patrimoine sans payer d'impôts.

PAUL NICOLAÏ

> « La fortune est difficile à estimer. Selon plusieurs sources, elle s'élèverait à environ 150 millions d'euros. Bien placés, cela assure à Soledad des

> revenus réguliers et conséquents. Cela lui permet également de financer les élevages de courses de chevaux sur plusieurs sites, au Pays basque et dans le département voisin des Landes. »

Héritière, la marquise n'en est pas moins marquée par ces décès successifs. Elle vit toujours dans le Sud-Ouest, loin de son fils Forester. Mais sa solitude ne va plus durer longtemps, car en 1987, à l'approche de ses 60 ans, Soledad décide de donner une nouvelle chance à la maternité. Elle adopte German de la Cruz, un orphelin colombien de 8 ans. Et contrairement à ses fils biologiques, elle l'accueille chez elle, dans son domaine de Bayonne, et s'en occupe personnellement. Un nouvel enfant fait donc son entrée dans l'arbre généalogique décimé de la famille, obligeant Forester à partager son statut d'héritier. Et pas avec n'importe qui : un frère de vingt-huit ans son cadet, qu'il connaît à peine et qui semble avoir tissé avec sa mère la relation dont il a toujours rêvé !

Mais ce n'est pas cet événement qui va provoquer la rupture des liens entre Soledad et son fils biologique… Ou en tout cas, pas immédiatement. Quelques années plus tard, en 1998, Forester passe la bague au doigt à Stéphanie Hug, une Suissesse à la profession loin d'être anecdotique : banquière. Et à peine arrivée dans la famille, la belle-fille se forge une conviction : son mari est tenu à l'écart d'un patrimoine géré de manière trouble. Alors, depuis son chalet en Suisse, la jeune femme compte et recompte, bien décidée à réclamer son dû.

PAUL NICOLAÏ

> « Lui est effacé, timide, pas très à l'aise pour s'exprimer devant les caméras ou les micros. Elle, au contraire, est volubile, extravertie, persuadée que son mari a été dépossédé d'une grande partie de ce qui lui avait été légué par ses grands-parents. Forester et sa femme multiplient ainsi les plaintes et les procédures judiciaires pour récupérer l'argent… Des procédures en Suisse, en France, aux États-Unis ou au Liechtenstein. Finalement, les relations entre la marquise et son fils aîné se dégradent terriblement. Ils ne se voient plus en dehors des tribunaux. Elle ne connaît même pas sa petite-fille, qui se prénomme Olga. »

Olga, comme cette grand-mère qui a apporté à Forester l'amour maternel dont il estime avoir été privé. Le couple cultive les symboles, et fait désormais feu de tout bois.

Au début des années 2000, après avoir épluché l'historique familial, ils révèlent l'existence d'un mystérieux testament disparu. Un testament rédigé sur son lit de mort par le dernier époux de la richissime grand-mère, et qui serait largement favorable à Forester. Stéphanie Hug et son mari portent l'affaire devant la justice Suisse, avec un témoin : une gouvernante, qui jure avoir aperçu le précieux document avant la mort du vieil homme. Mais le tribunal de Lausanne n'y croit pas et condamne l'employée de maison à six mois de prison avec sursis pour faux témoignage. La décision est assortie de ce commentaire : « Il est possible qu'elle ait été instrumentalisée par Forester et Stéphanie Labrouche. »

L'épisode ne décourage pourtant pas les époux, qui continuent d'attaquer de toutes parts, et de surveiller les affaires de la marquise de très près.

Les années passent et une donnée importante de l'équation évolue.

12 JUILLET 2017

PAUL NICOLAÏ

> « La marquise de Moratalla est malade.
> Elle souffre du syndrome d'Alzheimer ou,
> comme on dit, elle n'a plus toute sa tête. »

À ce moment-là, Forester et sa femme apprennent que Soledad a signé un « mandat de protection future » cinq ans plus tôt, en 2012. C'est un document de droit suisse, qui désigne la personne que l'on veut voir prendre les décisions à sa place en cas, par exemple, de maladie dégénérative. La marquise a établi ce mandat au profit de son fils adoptif German, qui vient de l'activer et peut donc régir son patrimoine à sa place. Et pire encore: la deuxième personne de confiance choisie par Soledad après son fils cadet n'est même pas son aîné, mais le gestionnaire de fortune de la marquise, un certain Markus Frey. Un nom familier aux oreilles du couple Labrouche, qui le soupçonne depuis longtemps d'avantager German en se servant au passage.

La suite de l'histoire varie selon les récits. Mais une chose est sûre: ce 12 juillet 2017, les parents d'Olga et leur fille font la route jusqu'à Bayonne et se présentent à l'entrée du domaine de Coumères. Et d'après eux, la marquise de Moratalla les accueille à bras ouverts, ravie de rencontrer sa petite-fille. Puis elle leur demande de les aider à mettre fin à ce fameux mandat, et à chasser son fils adoptif de chez elle. Évidemment, la version de German diffère. Pour lui, sa mère n'a jamais formulé une telle requête.

PAUL NICOLAÏ

« Le lendemain, Forester revient. Il est accompagné d'un huissier de justice et d'un notaire. Il trouve porte close. Plainte est déposée pour séquestration et abus de faiblesse. Forester accuse même son frère de détourner de l'argent. On parle de 1,7 million d'euros. Les honoraires des gestionnaires de fortune sont également montrés du doigt : 500 000 euros d'honoraires pour Markus Frey. Et cet épisode est le tout dernier du vivant de la marquise de Moratalla. »

NOVEMBRE 2017

La marquise de Moratalla vient donc de pousser son dernier soupir. Et en attendant les résultats de l'autopsie du corps de leur mère, les deux fils se battent dans la presse, par la voix de leurs avocats. Richard Malka, qui défend Forester Labrouche, affirme que son client est effondré de ne pas avoir vu Soledad dans les mois qui ont précédé son décès. Et s'indigne que le soir même de sa mort, alors que Forester avait fait le déplacement depuis la Suisse, son frère ait refusé de lui ouvrir la grille du domaine de Coumères. « On ne meurt pas d'Alzheimer, assène-t-il. Mon client se pose des questions sur la précipitation avec laquelle on a sorti sa mère de sa maison pour la mettre au funérarium de Bayonne… »

PAUL NICOLAÏ

« Ce n'est pas dit ouvertement, mais il se demande si le décès est vraiment naturel ou si l'on a un peu aidé sa mère à passer l'arme à gauche. Mais l'autopsie réalisée rapidement va conclure à l'absence d'intervention d'un tiers et révèle une infection pulmonaire fatale. Pas de piste criminelle. Le parquet de Bayonne clôt le dossier. »

Fin 2017, on peut donc ouvrir le testament de la marquise, signé avant sa maladie, devant notaire, toujours en Suisse. Et là, stupeur : Forester est tout bonnement déshérité. En vertu d'une subtilité juridique, sa mère a décidé d'attribuer directement la part revenant à son fils à sa petite-fille, Olga. Et encore, une part réduite au minimum légal, loin de représenter la moitié de la fortune : tout le reste est pour German.

PAUL NICOLAÏ

« L'interprétation de tout cela ? La marquise aurait voulu faire payer à son fils les multiples procédures judiciaires engagées contre elle. Elle aurait voulu également rééquilibrer les choses car Germain de la Cruz n'avait rien touché de sa grand-mère, la fameuse Olga, puisqu'il n'avait pas encore été adopté au moment de la mort de celle-ci. »

Et en janvier 2018, la justice enfonce encore le clou. La juge des tutelles de Bayonne rend sa décision quant au fameux mandat de protection contesté par Forester et estime qu'il a été utilisé de manière « régulière », sans mouvements de fonds anormaux. Elle écrit : « Ces ordres de paiement ne sont ni injustifiés, ni, par leur montant ou destination, contraires aux intérêts de la mandante. »

Dans la même décision, la magistrate note la « défiance » de la marquise envers son fils aîné et sa femme. Et elle évoque aussi cette fameuse journée du 12 juillet 2017. Ce jour-là, tranche la juge, Stéphanie et Forester avaient pour seul but d'obtenir « la mainmise sur la gestion de la fortune » de la marquise.

Mais ce jugement-là non plus ne va pas être synonyme d'apaisement ou de chapitre clos : le couple fait appel, tandis que les autres procédures lancées avant le décès de la marquise suivent leur cours devant la justice. Par médias interposés, les avocats continuent, eux, de poser leurs pions. Dans le camp German, on brandit comme ultime preuve un écrit de la marquise daté de 1999, qui dit : « Jamais aucune décision concernant ma santé physique ou mentale ne devra être prise par Forester et sa femme. » Et les conseils du fils aîné de répliquer avec des courriers datés du printemps 2017, dans lesquels Soledad demandait des comptes à son gestionnaire de fortune, en s'étonnant de ne recevoir que de petites sommes d'argent.

Bref, les deux frères continuent de se déchirer, quitte à y laisser une partie de leur fortune, et à faire quelques victimes collatérales.

PAUL NICOLAÏ

« Après la mort de la marquise, les fameux chevaux se sont retrouvés orphelins et pour eux aussi, la chute sera dure, tout comme pour les huit palefreniers qui s'en occupaient. Ces derniers ne sont plus payés depuis des mois, mais ils continuent à s'occuper des animaux pour tout simplement éviter qu'ils ne meurent sur place. De nombreuses procédures sont alors engagées avec l'aide d'une avocate locale spécialisée en droit du travail. L'affaire est portée devant le conseil des prud'hommes. Un parcours du combattant. Finalement, les salaires en retard seront versés, mais tous les palefreniers vont démissionner, de guerre lasse. La somme récupérée s'élève tout de même à 300 000 euros. Les procédures pénales et civiles, elles aussi, se poursuivent. Cela fait plus de vingt ans que cela dure. »

Des années de conflit autour d'une vieille dame richissime et vulnérable, un patrimoine échappant en grande partie à la vigilance du fisc français et deux camps n'hésitant pas à se tirer dans les pattes.

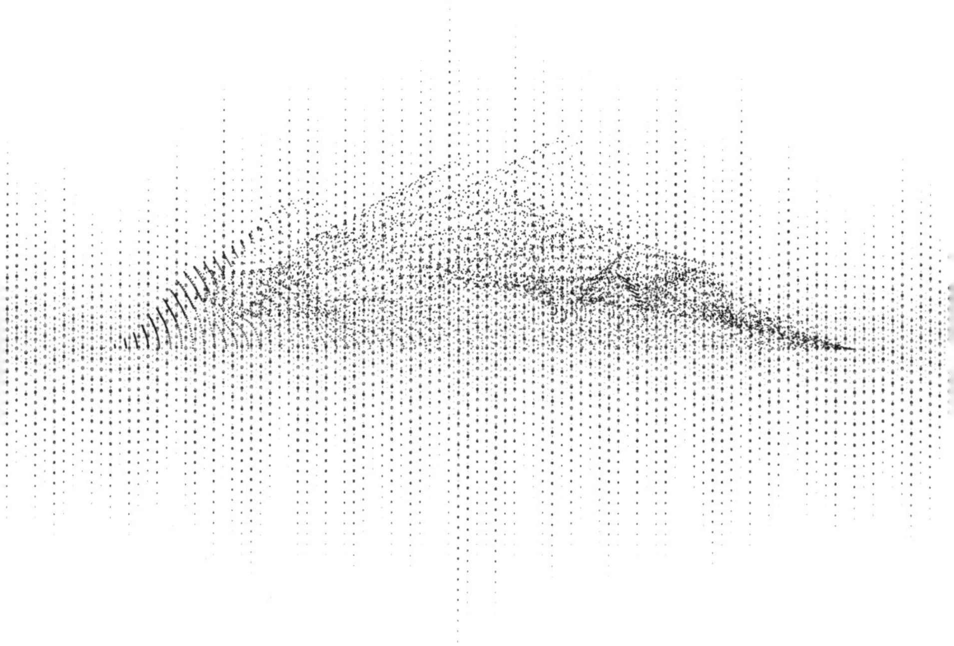

LES ÉCOUTES DE

RUPERT MURDOCH

INVITÉE

SONIA DELESALLE-STOLPER

Ancienne correspondante de *Libération* au Royaume-Uni

20 FÉVRIER 2003

Un étrange journal que les Parisiens n'ont pas l'habitude de voir dans les kiosques attire leur attention. En Une, un photomontage avec la tête de Jacques Chirac au bout d'un long ver de terre surgissant d'une France craquelée, morcelée. Le titre est tout aussi effarant: « Chirac est un ver ». Ce journal, c'est le *Sun*, le tabloïd de Londres qui, pour la première fois de son histoire, a été distribué gratuitement à Paris! La raison? Le président français est opposé à l'intervention anglo-américaine en Irak pour déloger Saddam Hussein. Les mots sont très durs: le président français est un vers qui « se pavane avec arrogance sur la scène internationale ». Et la France, un pays avec « une importance démesurée par rapport à la réalité ».

Ce type de Une outrancière, volontairement provocatrice, va être l'une des marques de fabrique du *Sun*. C'est le quotidien le plus populaire d'Angleterre – 3,5 millions d'exemplaires à cette époque, près de 10 millions de lecteurs chaque jour! C'est l'un des outils d'influence du puissant magnat australo-américain, Rupert Murdoch.

À cette époque, la presse de Murdoch met chaque jour à la Une des scandales politiques, des affaires de mœurs, des faits divers tous plus scabreux les uns que les autres. Quitte à ce que ses journaux se retrouvent devant les tribunaux.

C'est d'ailleurs exactement ce qui va arriver à l'autre grand tabloïd de Rupert Murdoch, l'hebdomadaire du dimanche *News of the World*. Une affaire qui va mettre en lumière la face obscure des tabloïds. En effet, non seulement, les journalistes du journal ont eu recours à l'écoute illégale des téléphones portables de plusieurs milliers de personnes, mais en plus ils ont embauché des détectives privés pour les aider. Le tout, avec la complicité de certains flics ripoux moyennant de belles sommes d'argent!

Pour la première fois de son histoire, le plus puissant patron de presse du monde, Rupert Murdoch, va vaciller.

4 JANVIER 1981

Rupert Murdoch se rend à Chequers Court, un magnifique manoir du XVIe siècle, au beau milieu de la campagne anglaise. Il a rendez-vous pour déjeuner avec la Première ministre, Margaret Thatcher. Une réunion qui restera très longtemps secrète. Les deux parties refuseront de l'avouer, avant qu'une note rédigée par l'attaché de presse de Margaret Thatcher finisse par sortir des années plus tard.

Ce déjeuner n'a rien d'impressionnant pour Rupert Murdoch. Depuis tout petit, il baigne dans l'univers des médias et des jeux de pouvoirs. Son père, Keith, fils d'immigrants écossais, était un influent patron de presse en Australie, grâce à son groupe bâti autour du *Sydney Morning Herald* dans les années 1920. Keith Murdoch était d'ailleurs un ami personnel du Premier ministre de l'époque !

Rupert Murdoch pensait hériter du groupe familial, mais celui-ci est démantelé après la mort prématurée de son père en 1952… Pas de quoi tuer pour autant ses ambitions. Le patron de presse australien a toujours eu l'intention de conquérir l'Angleterre. Pour ce faire, il rachète dès 1969, coup sur coup, *News of the World* et le *Sun* qui, à l'époque, est l'un des quotidiens les moins lus d'Angleterre. Et pour développer son groupe et étendre son influence, Rupert Murdoch a besoin de l'appui de Margaret Thatcher.

Et vice versa. Alors, lors de ce déjeuner de 1981, l'homme d'affaires va brosser la Première ministre dans le sens du poil. Il avoue son penchant pour Ronald Reagan, le président américain qui vient d'être élu, et vante la politique de son entreprise à l'encontre des syndicats. Bref, des thèmes qui parlent à la « Dame de fer » anglaise. Puis Rupert Murdoch entre dans le vif du sujet. Il veut racheter le *Times* !

Le gouvernement a le pouvoir de bloquer le magnat australien pour des raisons de monopole… Mais Margaret Thatcher comprend vite que se mettre à dos ce très ambitieux patron de presse n'est pas de son intérêt. Il a le feu vert et rachète le journal la même année. Rupert Murdoch devient le patron du journal le plus prestigieux d'Angleterre. Il met alors en place, dans tous ses tabloïds, une recette finalement assez simpliste mais qui va cartonner.

SONIA DELESALLE-STOLPER

> « Ces médias-là, ce sont des médias où l'on parle au lecteur de ce qui arrive au bout de sa rue. Il peut donc être question d'une explosion de gaz qui n'a pas vraiment de conséquences particulières. Mais le *Sun* avait une manière formidable de raconter ça comme si c'était l'attentat du siècle alors que c'était juste une simple explosion de gaz. Et ça, ça interpelle le lecteur parce que ça se passe au bout de sa rue et il peut se dire "j'y étais". Après, il y avait toutes sortes de recettes diverses et variées, y compris la fameuse *Page Three* qui était devenue une icône : on y trouvait une photo d'une jeune femme au buste dénudé. Et le fait d'avoir cette jeune femme ravissante les seins à l'air était une raison pour beaucoup de lecteurs de l'acheter. Je me souviens qu'une des choses qui m'ont beaucoup frappée en arrivant au Royaume-Uni au milieu des années 1990, c'était que dans le métro, tout le monde lisait un journal papier, vraiment tout le monde. Alors qu'en France, ce n'était pas le cas. »

Et l'autre journal détenu par Murdoch, le *News of the World*, qui paraît tous les dimanches depuis 1843, utilise exactement les mêmes ficelles. Des scoops en cascade sur les dernières liaisons adultères de personnalités, des affaires de drogue ou de mœurs, de nombreux scandales... Eh bien, quelques années plus tard, c'est finalement ce journal qui va être à l'origine du plus grand scandale de la presse britannique !

8 AOÛT 2006

Des « bobbies », les policiers anglais, interpellent Clive Goodman. Le nom de ce journaliste est pratiquement en tête de tous les articles du *News of the World* consacrés à la famille royale britannique. Il est habitué aux polémiques que peuvent susciter ses papiers parfois un peu racoleurs. Mais cette fois, cela va beaucoup plus loin. Depuis quelques semaines, Buckingham Palace s'interroge. Comment ce journaliste a-t-il, par exemple, découvert les problèmes de santé au genou du prince William ? Scotland Yard, la police britannique, est mise sur le coup. Leur enquête les conduit également à l'arrestation de Glenn Mulcaire, un ancien footballeur reconverti en détective privé. Et ce que les policiers découvrent, c'est que ce duo a hacké les téléphones portables de très nombreuses personnalités de la couronne britannique. Crime de lèse-majesté qui ne restera pas impuni.

26 JANVIER 2007

Clive Goodman et Glenn Mulcaire sont condamnés respectivement à quatre et six mois de prison !

Dans la foulée, le rédacteur en chef du tabloïd *News of the World*, Andy Coulson, est contraint à la démission, même s'il l'affirme : il n'a jamais rien su de ces pratiques illégales. Mais ce journaliste, qui a un énorme réseau, va très vite se recaser.

31 MAI 2007

Il est embauché comme conseiller en communication par le chef de l'opposition conservatrice de l'époque, un certain David Cameron. Sauf que cette affaire remet sur la place publique une pratique très courante en Angleterre : celle d'échanger quelques bons scoops contre de jolies sommes d'argent.

SONIA DELESALLE-STOLPER

« Le journalisme du chéquier existe au Royaume-Uni de manière établie depuis des années et des années. Pour faire simple : vous allez voir un témoin potentiel, vous lui dites : "Racontez-moi ce qui s'est passé quand le voisin a tué sa femme en lui tapant dessus, et je vous fais un chèque." Ce n'est même pas dissimulé.

Si vous regardez aujourd'hui les sites du *Daily Mail* ou du *Sun*, il y a un encart à un endroit dans lequel il est écrit : « Si vous avez des informations ou des photos, n'hésitez pas à nous appeler ou nous écrire, nous payons pour ça. » Donc c'est une

> pratique qui est totalement établie, et notamment pour les journaux populaires, les tabloïds. »

À l'époque, une petite coalition de victimes célèbres de *News of the World* se forme pour dénoncer les pratiques du groupe *News International* de Rupert Murdoch. Il y a parmi elles l'acteur Hugh Grant, qui est littéralement suivi nuit et jour par des journalistes. Mais aussi l'ancien patron de la Fédération internationale de l'automobile, Max Mosley, apparu sur une vidéo, déguisé en militaire, en pleins ébats avec des prostituées. Dans cette affaire, la justice avait bien condamné *News of the World* pour atteinte à la vie privée. Insuffisant toutefois pour Max Mosley, qui avait imputé au journal, à l'époque du scandale, une part de responsabilité dans la mort de son fils, celui-ci étant retombé dans la drogue et mort d'une overdose. Bref, de très nombreuses affaires qui ont déjà mis à mal la réputation du journal. En 2009, nouveau rebondissement. Et cela va être une véritable déflagration pour l'empire de Murdoch…

JUIN 2009

Rebekah Brooks, l'ancienne directrice du *Sun* qui vient d'être nommée au poste de directrice générale de toute la branche média de Murdoch en Angleterre, célèbre son mariage avec Charlie Brooks. Tout le gratin londonien est présent. Gordon Brown, le Premier ministre travailliste est là. Tout comme David Cameron qui prendra le pouvoir quelques mois plus tard.

Mais, hasard du calendrier, Nick Davies, journaliste au *Guardian*, est en train de finaliser un article qui va bouleverser tout ce petit monde. Quelques semaines auparavant, il a reçu un appel d'un lanceur d'alerte anonyme que le journaliste va baptiser du nom de « Mister Apollo ». Les deux hommes se sont donné rendez-vous dans une chambre d'hôtel à Londres. Ce que la source anonyme révèle au journaliste est tout simplement d'une ampleur inégalée : les écoutes téléphoniques illégales n'ont pas été à la seule initiative du journaliste Clive Goodman, mais étaient bel et bien généralisées au sein de l'entreprise *News of the World*! Le 21 juillet, le *Guardian* révèle que près de trois mille personnes auraient été victimes d'écoutes de leur messagerie téléphonique par le tabloïd. Pendant deux ans, le scandale va faire les choux gras de la presse.

21 JANVIER 2011

Andy Coulson, cible de critiques pour son rôle de rédacteur en chef de *News of the World* à l'époque des faits, est obligé de démissionner de son poste de directeur de la communication de David Cameron, devenu Premier ministre. Cinq jours plus tard, la police lance une nouvelle enquête, l'opération Weeting. Et cela se confirme. Les écoutes illégales de téléphones ont été systématiques, dit la police. Quatre mille individus, des personnalités mais également des gens ordinaires, aussi bien que des victimes d'attentats, ou de tentatives d'assassinats ont été la cible du tabloïd anglais. Et il y a une affaire qui va profondément choquer l'Angleterre : celle de la petite Milly Dowler, une adolescente disparue puis retrouvée assassinée.

SONIA DELESALLE-STOLPER

« Ils ont piraté la messagerie de son portable et effacé des messages, désorientant les recherches. Pire, ils ont publié des articles en disant qu'elle avait utilisé son téléphone quelques jours après sa disparition. Donc ses parents ont cru qu'elle était vivante, alors qu'elle avait été tuée et qu'on a retrouvé son corps dans un fossé. Cela a été un drame atroce.

C'est vraiment cette histoire qui a tout fait basculer parce qu'il y avait un peu l'idée « tant que ça arrive

> à des stars, ça va, ce sont des stars. De toute façon, elles vivent sur une autre planète. Leur vie n'est pas notre vie ». Mais à partir du moment où ça arrive à quelqu'un à qui vous pouvez vraiment vous identifier, comme des parents qui vont au boulot tous les jours et qui ont une adolescente de treize ans qui danse…
>
> Il existe une vidéo qui est passée en boucle sur les réseaux sociaux, où l'on voit Milly danser devant une table à repasser tout en repassant un t-shirt. C'est une adolescente de treize ans qui danse et qui rigole. Et vous vous identifiez à ses parents, vous vous identifiez à elle, et à partir de là, je crois que l'opinion publique a basculé. Les gens se sont dit: "Ah oui ! non, quand même, là, ça va trop loin." »

Pour la première fois, Rupert Murdoch vacille. Il le dira un peu plus tard, cet épisode a été « le jour le plus humiliant de sa vie ». En catastrophe, il débarque à Londres et rend visite à la famille de la petite Milly Dowler pour s'excuser auprès des parents. Trois jours plus tard, le 7 juillet, nouvelles révélations. Le *Telegraph* raconte que des proches de soldats tués en Irak et en Afghanistan auraient également été victimes d'écoutes. Le même jour, Andy Coulson, l'ancien directeur de la communication de David Cameron, et Clive Goodman, le journaliste spécialiste de la monarchie, sont à nouveau interpellés pour être entendus puis placés en liberté conditionnelle dans la soirée. C'en est trop pour Rupert Murdoch ! Contre toute attente, il annonce le 8 juillet la fermeture de *News of the World*. Toute la rédaction se retrouve sur le carreau. La parution du dernier numéro du journal, qui titre « Merci et adieu », se vend à près de 3,8 millions d'exemplaires !

Mais l'enquête ne fait que commencer. Le scandale va ébranler aussi une partie de l'administration. Paul Stephenson, le chef de Scotland Yard, démissionne. La police britannique est soupçonnée d'avoir accepté des pots-de-vin en échange de numéros de téléphone de personnalités et pour fermer les yeux sur ces écoutes illégales.

FIN DE L'ANNÉE 2013

Lors du procès comparaissent huit personnes au total sur le banc des accusés, dans le tribunal 12 de l'Old Bailey, la Cour criminelle centrale, à Londres. Parmi elles, deux retiennent particulièrement l'attention des juges. D'abord celle qu'on surnomme la « cinquième fille de Murdoch », Rebekah Brooks, ex-directrice de *News of the World* puis du *Sun* avant de prendre la tête de la branche britannique de News Corp.

C'est le cas aussi d'Andy Coulson, l'ancien rédacteur en chef de *News of the World* et ex-directeur de la communication du Premier ministre David Cameron, qui se retrouve à la barre. Andy Coulson avec qui Rebekah Brooks a eu une relation jusqu'en 2004. Un élément important car, selon le procureur, cela pourrait amener à penser que Rebekah Brooks « ne pouvait rien faire sans qu'Andy Coulson le sache, et vice versa ».

Trois chefs d'accusation sont retenus contre les accusés : interception illégale de communications, corruption de fonctionnaires en vue d'obtenir des informations, et dissimulation de preuves. Toutes passibles de lourdes peines de prison. Et lors des audiences, les liens douteux entre l'empire Murdoch et les politiques vont refaire surface.

Dans une note qui date de 2011, l'ex-Premier ministre Tony Blair délivre, par l'intermédiaire de Rebekah Brooks, ses conseils à Rupert Murdoch pour éteindre l'incendie du scandale *News of the World*. Il suggère la création d'une « commission d'enquête indépendante accompagnée de la rédaction d'un rapport ». Un peu comme celui qui avait exonéré le gouvernement Blair d'être entré en guerre contre l'Irak en 2003. Puis le Premier ministre invite aussi le clan Murdoch à faire acte de contrition. « Rendez publique la première partie du rapport au moment même où la police termine son enquête et disculpez-vous, reconnaissez des erreurs, et acceptez de nouvelles auditions et procédures », détaillera l'ancien chef du gouvernement travailliste. Une véritable feuille de route que tous les anciens patrons du journal vont tenter de suivre pendant les neuf mois de procès.

En parallèle des investigations policières et du procès, le gouvernement ordonne, en 2011 et 2012, une enquête publique sous la houlette d'un juge. L'objectif? Étudier de plus près les pratiques des tabloïds et préconiser une sorte de nouveau code de déontologie des médias. Il n'en sortira pas grand-chose finalement… Quoi qu'il en soit, même si tout cela est resté lettre morte, la presse anglaise a considérablement changé depuis cette affaire.

SONIA DELESALLE-STOLPER

« Mais aujourd'hui, le *Sun*, qui dominait d'une tête tous les tabloïds, est maintenant largement dépassé par le *Daily Mail*, qui lui, se positionne un peu plus entre le tabloïd et le journal plus sérieux. Et les scandales politiques sont toujours là. Mais il est vrai que le *Sun*, on ne l'entend plus guère. Ils ont éliminé la *Page Three*, elle n'est plus là. Il y a aussi une vraie évolution de la société qui à un moment donné a dit: "Ok, c'est bon, les nichons de page trois, c'est sympa à un moment, mais ça suffit." Et c'est vrai que

> le talent des tabloïds a toujours été de savoir coller à l'évolution de la société et de l'opinion publique. Mais aujourd'hui, le *Sun* n'exerce plus cette fascination, avec l'attente de savoir ce qu'il va sortir et quand. »

JUILLET 2014

Andy Coulson est condamné à dix-huit mois de prison ferme pour écoutes téléphoniques illégales. Tandis que sa supérieure de l'époque, Rebekah Brooks, qui a, tout au long du procès, affirmé n'avoir pas été au courant des pratiques de son journal, est finalement blanchie. La protégée de Murdoch, et de très nombreux hommes politiques, réintégrera par la suite le groupe du magnat australien.

Celui-ci, aujourd'hui âgé de 91 ans et dont la fortune personnelle est estimée à plus de 17 milliards de dollars, a décidé de faire le ménage dans son empire. Et de préparer son fils Lachlan Murdoch, à reprendre les commandes. Pour ça, Rupert Murdoch a vendu ses chaînes de télé en Asie, la chaîne *Sky* en Angleterre ainsi que ses studios de cinéma à Hollywood. Disney en rachètera une bonne partie pour plus de 70 milliards de dollars, mais Rupert Murdoch obtient, en contrepartie, une part importante dans le géant du divertissement américain.

L'homme d'affaires ne conserve que quelques entreprises où il a de vraies attaches. Comme ses journaux américains, australiens et britanniques, dont bien sûr ses tabloïds ! Un démantèlement partiel mais tout à fait contrôlé et géré par le patriarche australien.

Pour autant, l'influence du magnat continue d'être immense. En Angleterre, son rôle dans le vote en faveur du Brexit en 2020 a été prépondérant. Et aux États-Unis, la très puissante Fox News a considérablement favorisé l'élection de Donald Trump. Encore aujourd'hui, Rupert Murdoch reste un faiseur de rois. Et si vous pensiez que l'affaire s'arrêtait là, on vous invite à lire le chapitre suivant.

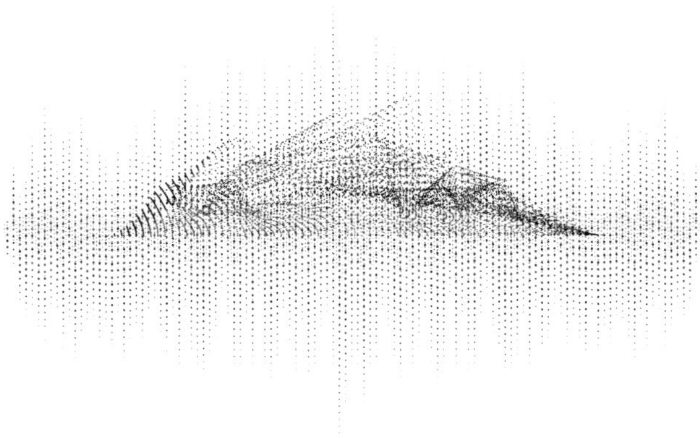

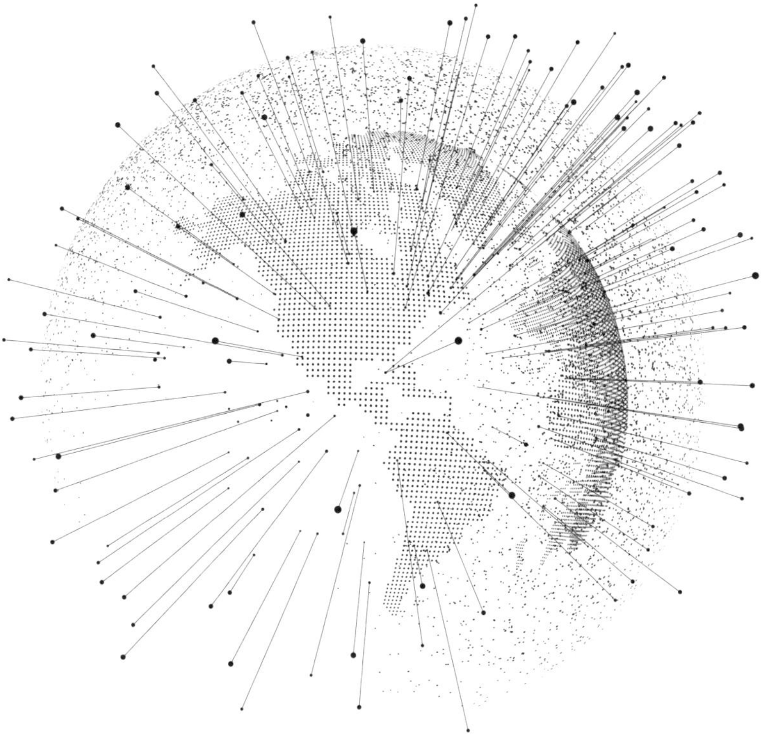

DIVISER POUR MIEUX RÉGNER

LA CHAOTIQUE SUCCESSION DE L'EMPIRE MURDOCH

Il n'est pas toujours besoin d'être mort pour voir vos enfants se disputer votre héritage. Parfois, il arrive même que vous fassiez tout, de votre vivant, pour que cette guerre de succession arrive. Et cela pour des raisons très simples : parce qu'il vous est insupportable de voir l'empire médiatique que vous avez bâti revenir à quelqu'un d'autre ; parce que vous êtes certain que vos rejetons feront de toute façon moins bien que vous ; parce que toute votre vie, vous avez joué avec le destin des autres ; parce que vous vous appelez Rupert Murdoch.

L'histoire d'héritage que nous allons vous raconter est peut-être l'une des plus fascinantes et captivantes de ces trente dernières années. Pas seulement parce qu'elle met en scène l'un des hommes les plus puissants et les plus riches de la planète, Rupert Murdoch. Pas seulement parce qu'elle a grandement inspiré *Succession*, l'une des séries récentes les plus marquantes. Mais parce qu'elle est à elle seule une tragédie shakespearienne des temps modernes. Un conte cruel où un père sacrifie ses enfants sur l'autel du pouvoir. Où ces mêmes enfants, n'osant tuer le père, se livrent une bataille féroce.

21 SEPTEMBRE 2023

Un mail tombe sur les boîtes des salariés de Fox Corporation et de News Corporation. Sur Fox News, la chaîne télé maison, le présentateur feint d'encaisser le coup, tout en gardant un ton professionnel : « Notre boss, Rupert Murdoch, a entamé le processus de passation de pouvoir. En novembre, il quittera son poste de président. » Cette fois, ça y est ! Après des années de spéculation, Murdoch s'en va. À 92 ans, le pape des médias conservateurs, qui est aussi l'un des personnages les plus influents de la planète, va passer la main. Celui que l'on croyait immortel confie les rênes de son empire à son fils aîné, Lachlan. Pas illogique qu'il ait été choisi. Il se dit que Murdoch père a toujours eu un faible pour lui. Alors c'est vrai, l'heureux élu n'est pas connu pour être un bourreau de travail mais, au moins, il partage les mêmes idées que son père, droitières et ultraconservatrices. Lachlan n'est pas comme son frère James… Le patriarche est sûr que son groupe ne va pas se vautrer dans un gauchisme bien-pensant.

Voici donc assuré, croit-on, l'avenir de Fox News et de l'empire médiatique construit par Murdoch. Sauf que ceux qui connaissent bien le magnat des médias sont formels : les jeux sont loin d'être terminés. D'ailleurs, la lettre envoyée aux employés précise bien que Rupert Murdoch reste le président émérite du groupe. Et puis ce n'est pas un hasard si, dans ce même courrier, le vieux crocodile prend soin de signaler qu'il est encore en bonne santé. Ceux qui ont d'ailleurs assisté à la traditionnelle réception donnée par le milliardaire quelques mois plus tôt à Londres peuvent en témoigner : le nonagénaire ne semblait pas être un homme sur le départ.

Est-on en train d'assister à une énième entourloupe du *tycoon* ? Il faut se souvenir de ce qu'il avait dit il y a vingt-cinq ans, une fois guéri de son cancer de la prostate : « Je suis immortel, j'en suis convaincu. » Il faut aussi se rappeler ce qu'affirmait sa mère, Dame Elisabeth, en 2010. Elle venait de fêter ses 101 ans et lâchait à propos de son fils, déjà septuagénaire : « Jamais il ne partira à la retraite, vous pouvez en être certain. »

Et quand bien même Rupert Murdoch dirait vrai dans son communiqué, cela ne veut pas dire que la succession se passera pacifiquement quand le nonagénaire sera mort. Parce que le papivore australien a tout fait pour que ce ne soit pas le cas. La façon dont son empire est conçu est une invitation à la guerre entre ses enfants : cet empire est en effet contrôlé par un trust, qui est lui-même adossé à une structure basée dans le Nevada. Cette structure, c'est la famille Murdoch qui a la main dessus. Enfin, la famille… surtout Rupert Murdoch, qui dispose de quatre voix sur huit au conseil d'administration.

Les voix restantes sont partagées entre ses quatre premiers enfants. Il y a d'abord la bien nommée Prudence, 65 ans, née d'un premier mariage. Elle s'est toujours tenue éloignée des affaires familiales et se définit comme « femme au foyer ». Puis il y a les trois autres, issus d'une deuxième union : Elisabeth, 55 ans, Lachlan, 52 ans, et James, 51 ans. À la différence de leur grande sœur, eux sont des fauves qui, depuis trente ans, tournent dans leur cage en attendant que leur père quitte la scène. Aujourd'hui, ils ont tant attendu qu'ils ont fini par se détester, voire ne plus s'adresser la parole.

Pourtant, quand Rupert passera de vie à trépas, il faudra bien qu'ils discutent. Car l'organisation derrière le fameux trust est ainsi faite que les voix de leur père disparaîtront avec lui : ils seront alors quatre à décider, chacun disposant d'une voix. Pour emporter une majorité, il leur faudra nouer des alliances. Lachlan et Prudence ont toujours été proches, dit-on, tout comme James et Elisabeth le sont. Mais cela mène à une égalité de deux voix contre deux. Une absence d'accord entre eux pourrait être synonyme de paralysie du groupe, car aucun mécanisme n'est prévu pour débloquer la situation. Alors, l'empire serait menacé, le faramineux héritage Murdoch pourrait se volatiliser.

Dans cet héritage, ce n'est pas vraiment l'argent qui intéresse les enfants. Tous sont déjà richissimes. La fortune de la famille a été estimée par *Forbes* à 17,1 milliards de dollars, le groupe valorisé à quelque 27 milliards de dollars. Alors, oui, bien sûr, Prudence, Lachlan, James et Elisabeth, mais aussi les deux plus jeunes filles, issues d'un troisième mariage, ne cracheraient pas sur les propriétés de leur père. Et notamment, ce ranch dans le Montana acheté pour 200 millions de dollars. Ou encore ce domaine viticole à Bel-Air, en Californie, payé 28 millions de dollars. Il y a aussi ce penthouse immense surplombant le parc de Madison Square que Murdoch a mis en vente 58 millions de dollars. D'une surface de 7 000 m^2 répartie sur trois étages, il dispose d'un ascenseur privé, et sa terrasse offre une vue à 360 degrés sur la ville. Il y a aussi, non loin, sur la célèbre Cinquième Avenue, un autre appartement estimé à 44 millions de dollars. Et tout cela, c'est sans compter les multiples résidences qu'il possède à Londres, à Pékin ou en Australie.

Ils ne cracheraient pas non plus sur les jouets que le *tycoon* s'est offert : des hélicoptères évidemment, un jet privé évalué à 84 millions de dollars, et ce super yacht de 67 mètres, même si on n'est pas sûr qu'il soit vraiment à lui.

Pourtant, ce n'est pas ce luxe qui fait rêver sa progéniture. Non, ce qui les excite, c'est autre chose. Quelque chose de bien plus grand. De bien moins palpable aussi : le pouvoir ! Ce pouvoir que leur père a acquis depuis plusieurs décennies. Celui qui lui permet de faire et de défaire des gouvernements. De faire gagner ou perdre des élections. Et finalement, d'influer sur le cours de l'histoire. Car qui contrôle l'empire Murdoch contrôle une partie du destin des démocraties occidentales. Depuis qu'il s'est lancé dans les affaires, Rupert Murdoch a toujours fait comme ça. Soutenir médiatiquement et financièrement des politiques pour mieux, ensuite, récolter les fruits de son investissement.

SEPTEMBRE 2023

Revenons à cet e-mail, qui annonce la passation prochaine de Rupert Murdoch. Jamais, avant ce message, il n'avait désigné celui qui, parmi ses enfants, devait hériter de ce pouvoir suprême et prendre les rênes de News Corp et de Fox International.

Pendant plus de vingt ans, chacun a pensé devenir l'élu, et on ne peut pas leur en vouloir. Durant leur enfance, leur père leur répétait, surtout à Lachlan et à James, que ce seraient eux, les héritiers de son empire. Quand ils étaient gamins, chaque matin à la table du petit déjeuner, ils avaient droit à une petite leçon de journalisme et de management. En feuilletant les journaux du groupe, Rupert Murdoch leur expliquait pourquoi tel ou tel article avait été sélectionné, comment le secteur de la publicité se portait… Il les a formés à devenir patrons. Normal qu'ils y aient cru. Mais le vieux magnat a joué avec eux.

Tour à tour, il les a fait monter dans le conglomérat, les a rétrogradés, leur a redonné une chance avant de les humilier. Forcément, eux voulaient plaire à leur père, ne pouvaient le défier. Alors c'est entre eux que s'est jouée une concurrence sans merci.

Officiellement, ce spectacle a meurtri Murdoch. Une fois, il a même réuni toute la famille dans son ranch en Australie pour une séance de psy collective. Ce fut un désastre. Mais dans le fond, tout ça arrangeait bien le père. Tant que ses enfants se confrontaient, il restait le seul maître à bord.

Même à 90 ans, il n'est sans doute pas facile de lâcher ce que l'on a mis soixante-dix ans à construire. Surtout quand on est parti de rien, comme le répète Rupert Murdoch. « Rien » est sans doute un brin excessif.

1952

À ses débuts, il ne contrôlait qu'un simple journal australien hérité de son père, le *News of Adelaïde*, qui ne tirait qu'à 75 000 exemplaires. En appliquant les leçons inculquées par son paternel, user de ses médias pour asservir le monde politique, mais aussi grâce à ses qualités d'hommes d'affaires, il est rapidement devenu l'homme de médias le plus influent dans son pays, mais aussi de la planète.

Au Royaume-Uni, il est devenu l'un des plus puissants patrons de médias, en faisant l'acquisition des tabloïds *News of the World* et *The Sun* mais aussi du vénérable *Times*. Aux États-Unis, il s'est emparé de l'éditeur HarperCollins, et du *Wall Street Journal*. Surtout, il a acheté les célèbres studios 20th Century Fox, qui deviendront 21st Century Fox, ce qui lui a permis de lancer Fox News, une chaîne à son image. Ultraconservatrice et ultralibérale.

Dans cet univers impitoyable, le patriarche a offert une place de choix à ses enfants, à Lachlan surtout. À 22 ans, celui-ci est nommé directeur général d'une chaîne de journaux australiens. Puis, à 33 ans, il accède à un très haut poste à la maison mère, News Corp. Pour ça, il a accepté de quitter l'Australie pour s'installer aux États-Unis. Ce n'est pas une évidence pour lui. Plus que le travail dans un bureau, il préfère s'adonner à ses passions : l'escalade, la voile et la plongée sous-marine. Mais succéder à son père vaut bien quelques sacrifices... À cette époque, c'est lui qui est pressenti pour reprendre le flambeau familial. Mais Lachlan n'est pas des plus diplomates et il se heurte à une partie du management du groupe, et notamment Roger Ailes, le tout-puissant patron de Fox News. Rupert Murdoch fait le choix de ne pas soutenir son fils. Désavoué, Lachlan claque la porte en 2005. Et retourne en Australie, moyennant le versement de 100 millions de dollars.

Son départ fait les affaires de son frère James. Lui aussi a été intégré au groupe familial. Mais il s'occupe surtout des affaires en Asie et en Angleterre. Le désistement de Lachlan lui offre une voie royale. Pour tous, il va être celui qui va prendre la place de son père. Forcément, même si Lachlan est loin, la rivalité entre les deux frères ne fait que s'exacerber. De toute façon, entre eux deux, le courant n'est jamais vraiment passé. Ils sont aux antipodes.

D'un côté, Lachlan : malgré son abord cool, ses tatouages et sa passion pour la varappe, il est la copie conforme de son père. Même s'il se garde d'exprimer publiquement ses opinions, il aime le virilisme, conchie les défenseurs du climat, regarde avec circonspection les partisans du mariage homosexuel.

Il n'aime rien tant que l'Australie natale de son père, son côté sauvage et brutal. Quand il était jeune, il aimait s'occuper du bétail dans le ranch familial. À l'occasion, il ne détestait pas tirer à la carabine sur les kangourous.

De l'autre côté, James, c'est un peu son antithèse. Un personnage plus centriste, plus à gauche disent même certains. Étudiant, il se fait percer l'oreille, rêve de devenir historien médiéval. Il aime aussi le rap, crée même un label, Rawkus Records. Mais on n'échappe pas si facilement aux griffes de Rupert Murdoch. Pour le magnat des médias, les occupations de James sont des enfantillages. Et puis, le patron de News Corp n'a qu'une obsession. Que son empire reste dans la famille. Qu'ils le veuillent ou non, ses enfants doivent être à ses côtés. Alors, le patriarche rachète le label de rap de James, qui, docilement, intègre le groupe.

Et ce n'est pas la première fois que le patriarche coupe les ailes de sa progéniture : Elisabeth a subi le même sort. En 2001, elle veut s'émanciper et monte Shine, une société de production de télévision. Avec des programmes comme *MasterChef*, c'est un succès retentissant et mondial. Mais dix ans plus tard, son père la ramène à la maison. Pas de force, non. Mais avec son chéquier : il lui propose 675 millions de dollars pour racheter son entreprise. Elle cède et réintègre

News Corp, pour redevenir l'une des proies prises dans la toile d'araignée paternelle.

Ainsi vogue le navire Murdoch en cette fin des années 2000. Il serpente dans les mers troubles du monde politico-médiatique. Le capitaine Rupert approche les 80 ans, mais continue de tenir la barre d'une main de fer. Son équipage se plante des couteaux dans le dos dès qu'il le peut. Mais tant que des cascades d'argent continuent de faire tourner les moteurs, personne ne trouve rien à redire. Pourtant, on ne le sait pas encore, mais le paquebot s'apprête à heurter un premier iceberg.

MILLY DOWLER

Ce premier iceberg, c'est l'affaire Milly Dowler, l'adolescente assassinée qui sera à l'origine du scandale *News of the World*. C'est James, en charge du secteur, qui se retrouve au cœur de la tempête. Il vient pourtant d'être nommé et n'a en réalité pas grand-chose à voir dans l'histoire. Mais c'est lui qui doit assumer. Il le fait. Mais mal. Il parle de business avant de parler de responsabilité morale. Il est traîné avec son père devant une commission d'enquête du Parlement. « Le jour le plus humiliant de ma vie », dira ensuite le vieux Rupert.

Ce revers de James, Lachlan s'en sert pour accourir réconforter son pauvre paternel. Et il n'est pas le seul à manœuvrer : Elisabeth, tout juste revenue dans le conglomérat et donc dans la course à la succession, attaque publiquement James. Elle lui reproche de n'avoir pas su gérer le scandale. Même si elle s'en est toujours défendue, elle demande à son père de le virer et de l'installer à sa place. Rupert Murdoch hésite, en veut à sa fille d'avoir étalé les divergences sur la place publique, ne veut pas donner l'impression que sa famille est divisée. Alors, il garde son fils. James reste numéro 3 du groupe. Mais son étoile pâlit.

Elle va pâlir encore plus en 2015, quand Rupert sort Lachlan de son exil australien. Ce n'est même pas le patriarche qui l'annonce à James mais Lachlan lui-même au cours d'un déjeuner. L'aîné fait comprendre à son cadet qu'il va devenir son supérieur. James ne comprend plus rien. Pourquoi cette décision ? À quoi bon avoir tant sacrifié depuis des années ? En plus, il y a deux ans, il avait discuté de la succession avec son frère et leur père. Ils étaient tombés d'accord pour que ce soit lui l'héritier. Et voilà aujourd'hui qu'ils le trahissent.

James est à deux doigts de démissionner. Pour éviter ce scénario qui ferait désordre, Rupert Murdoch trouve un compromis : il nomme James directeur général de la 21st Century Fox. Mais Lachlan est son supérieur puisqu'il devient coprésident du groupe. Pour éviter les jalousies, tous deux auront le même salaire : 20 millions de dollars par an. James n'a d'autre choix que d'accepter. Voilà les deux frères forcés de cohabiter.

La pilule ne passe pas. Elle passe d'autant moins que, pour James, Lachlan et Rupert sont à côté de la plaque. Ils ne voient pas que les temps ont changé. Les Gafa avalent tout. Les plateformes deviennent les nouveaux monstres de l'*entertainment* et de l'audiovisuel. Quand James leur parle d'Internet, de flux, de vidéo à la demande, son père et son frère lui répondent journaux à l'ancienne et télévision à la papa…

James enrage. Mais ne peut rien. Son père fait ce qu'il veut. En affaires, comme en amour d'ailleurs. À ce sujet, le vieux requin est un collectionneur. À cette époque, il est sur le point de s'unir avec Jerry Hall, l'ex-compagne de Mick Jagger, de vingt-cinq ans plus jeune que lui. Avant elle, il y a eu trois précédents mariages. C'est à chaque fois lui qui y a mis fin.

L'AFFAIRE TRUMP

En somme, Rupert Murdoch n'écoute jamais les conseils de James. Il fait même le contraire de ce qu'il dit. Alors que son fils plaide pour une ligne politique plus modérée dans les médias du groupe et notamment sur Fox News, son père va appuyer sur l'accélérateur de l'ultraconservatisme. Le populisme d'extrême droite fleurit un peu partout sur la planète et le patriarche ne veut pas rater le coche. Au Royaume-Uni, ses médias vont ainsi soutenir la campagne du Brexit. Au même moment, aux États-Unis, Donald Trump monte en puissance. Même si, en privé, on dit que Murdoch méprise le candidat, voire le traite d'idiot, les idées du milliardaire floridien ne sont pas si éloignées des siennes. Il y voit aussi une opportunité: son arrivée à la Maison-Blanche pourrait servir le business familial. Alors, à travers Fox News, il va se mettre au service du candidat républicain.

Une nouvelle fois, Rupert peut faire la leçon à son fils: il a encore visé juste, Trump a gagné. Seulement voilà. James n'avait pas tort sur tout. Certes, le conglomérat paraît se porter à merveille. Mais les journaux s'affaissent. Le déclin menace. Rupert Murdoch se dit peut-être qu'il faut vendre tant que la valeur du groupe est au plus haut.

En 2017, il invite Bob Iger, le patron de Disney, dans sa somptueuse demeure de Beverly Hills. Autour d'un verre de vin, il lui propose un marché : racheter la partie divertissement de la 21st Century Fox. Iger lève un sourcil. Oui, ça l'intéresse. Les discussions s'engagent. Lachlan est furieux. « Pour quelle putain de raison est-ce que je voudrais encore diriger ce groupe ? » hurle-t-il quand il apprend la nouvelle. On le comprend. Sans la partie divertissement, le groupe Fox se résume essentiellement à Fox News. Mais Rupert n'en a rien à faire. Le deal se fait. La somme versée par Disney est pharaonique : 71 milliards de dollars. Dans la transaction, Rupert Murdoch empoche 4 milliards. Ses enfants, 2 milliards chacun.

Il n'empêche. Lachlan ne décolère pas. James, au contraire, qui dirigeait jusqu'à présent la partie divertissement, voit cette vente d'un bon œil, alors qu'il paraît pourtant le premier menacé. Mais son père a fait courir la rumeur que James allait prendre la suite de Bob Iger chez Disney. Sauf que Bob Iger… s'y oppose. James n'aura rien. Si ce n'est cette nouvelle humiliation publique que lui inflige son père. Et James déchante, comme son frère.

L'épisode de cette vente n'est pas seulement un traumatisme pour ses fils. Il l'est aussi pour le groupe. Car pour la première fois depuis longtemps, Murdoch n'a pas acheté. Il a vendu. Est-ce un signe ? Le début de la fin ? Ça y ressemble un peu. Et les événements qui vont suivre ne vont pas vraiment rassurer.

JANVIER 2018

Rupert Murdoch et Jerry Hall, son épouse, passent des vacances dans les Caraïbes sur le yacht que Lachlan leur a gentiment prêté. C'est la nuit, et l'ex de Mick Jagger est réveillée dans son sommeil par des râles. Rupert Murdoch est étendu sur le sol. Il vient de trébucher en essayant d'aller aux toilettes. C'est la panique. Le patriarche est transféré dans un hôpital de Los Angeles. Il est au plus mal. À 86 ans, pas sûr qu'il s'en sorte. Ses enfants accourent à son chevet.

Mais le vieux requin a la peau dure. Il s'en sort. Certes difficilement. Pendant deux mois, il alterne coma et période de réveil où il ne reconnaît plus ses enfants. Pendant des semaines, Jerry Hall lui donne à manger à la petite cuillère. Mais il suit aussi un programme de rééducation très strict. Et finit par remonter la pente. L'année suivante, il se déchire le tendon d'Achille en glissant sur un échiquier offert par Lachlan. Un accident qu'aurait sans doute adoré Freud. Mais qui l'oblige à se déplacer en fauteuil roulant. Le corps du patriarche fatigue. La liste des pépins physiques s'allonge : pneumonies, crises d'épilepsie... En 2022, il contracte le Covid qui le laisse sur le flanc.

Pour ne rien arranger, la courbe de santé de l'empire médiatique semble suivre celle de son patron. C'est particulièrement vrai pour Fox News, qui accumule les déboires. Déjà en juillet 2016, son chef historique, Robert Ailes, a été contraint à la démission après plusieurs plaintes pour harcèlement moral et sexuel de journalistes. Les débuts de la présidence Trump offrent un répit en trompe-l'œil. Au grand désespoir de James, la chaîne suit la ligne de la Maison-Blanche. Et offre une tribune aux discours conspirationnistes, sexistes, xénophobes, climatosceptiques. Les audiences crèvent le plafond. À cette époque, les Murdoch semblent encore plus puissants que jamais.

PLUS DURE SERA LA CHUTE

Lors de l'élection présidentielle de 2020, Fox News donne la première la défaite de Trump face à Biden dans l'Arizona, un État crucial. Trump conteste. Ses électeurs protestent. Et délaissent la chaîne. Les audiences baissent. L'état-major panique et remet la barre à droite toute. Journalistes et chroniqueurs de Fox News relaient les thèses complotistes des trumpistes. Et mettent en cause, sans preuves, la société Dominion Voting Systems, qui fournit les machines à voter. Après la victoire de Biden, le groupe de Murdoch devra verser 800 millions de dollars à Dominion pour éviter un procès. En 2023, Fox News se débarrasse aussi de son encombrant chroniqueur vedette, le suprémaciste Tucker Carlson. Elle reste la chaîne numéro 1 outre-Atlantique, mais sa domination n'est plus aussi flagrante.

Scandales, instabilité, et pertes financières: voilà où en est l'empire quand Rupert Murdoch passe la main à Lachlan.

Mais pour que son groupe survive et que lui reste en place, le milliardaire a tout piétiné: les valeurs du journalisme, les principes de la démocratie. Surtout, sa sacro-sainte famille n'est plus qu'un champ de ruines. Elisabeth a de nouveau quitté News Corp pour fonder sa propre entreprise. En 2020, James, n'en pouvant plus des accents propagandistes de Fox News et des manœuvres de son père et de son frère, a fait de même. Aujourd'hui, Lachlan suggère à demi-mot que son frère a été l'une des sources des scénaristes de la série *Succession*. Lui s'en défend. Mais ne cache plus son ressentiment. Il était ainsi absent aux 90 ans de son père, fêtés en grande pompe.

Ne reste donc plus que Lachlan, dont personne ne sait vraiment s'il a l'envie et les épaules pour diriger le groupe familial. Nul ne sait non plus le sort que lui réservent James et Elisabeth. Rupert Murdoch, lui, a quitté Jerry Hall pour une aventure de courte durée avec une ancienne dentiste devenue animatrice radio. Mais sa bigoterie extrême a fait fuir le nonagénaire. Aujourd'hui, il se retrouve tel le roi Lear, seul. Le retour de Trump pour la présidentielle américaine en novembre 2024 lui donnera peut-être l'occasion de redevenir un faiseur de rois. Mais cette fois, ce pourrait être la dernière.

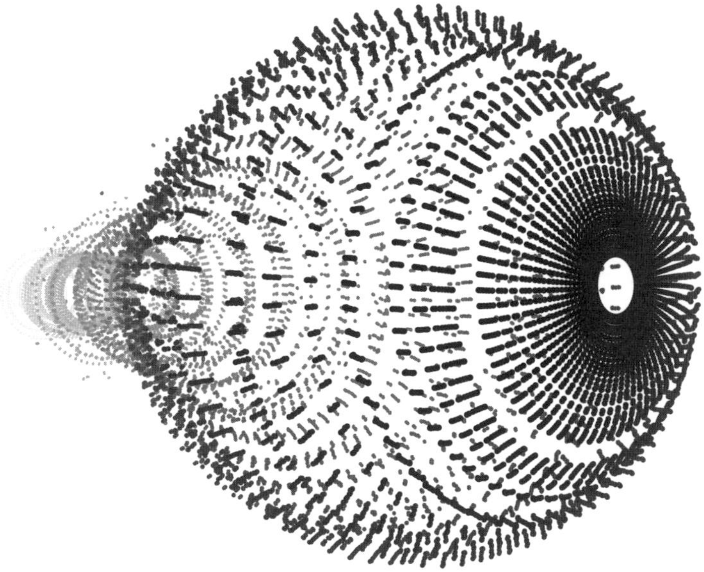

JEFF & MACKENZIE BEZOS

LE CHANTAGE DERRIÈRE LE DIVORCE

INVITÉ

ALEXIS PICHARD

Docteur en civilisation états-unienne et auteur de *Trump et les médias, l'illusion d'une guerre**

9 JANVIER 2019

Dans le flot des messages publiés sur Twitter en ce début d'après-midi, un communiqué s'apprête à devenir viral : « Après une séparation à l'amiable, nous avons décidé de divorcer et de poursuivre nos vies comme des amis… » Le tweet est signé des noms de Jeff Bezos, le fondateur d'Amazon – qui est à ce moment-là l'homme le plus riche du monde – et de Mackenzie, son épouse. Ensemble, ils ont vécu vingt-cinq ans de « Success story » à l'américaine,

* Éditions VA, 2020.

depuis le lancement d'Amazon dans leur garage de la banlieue de Seattle. Et si l'annonce de leur divorce se veut pacifiée, le montant engrangé au fil des années est colossal : on parle de plus de 130 milliards de dollars.

Pendant que la presse du monde entier se demande comment le couple va se répartir cette fortune, Jeff Bezos a la tête ailleurs. Car lui connaît les coulisses de cette communication précipitée sur les réseaux sociaux. Un tabloïd américain détient des photos le montrant en compagnie de sa maîtresse, la présentatrice de télévision Lauren Sanchez. Et le milliardaire en est convaincu : l'affaire qui commence ne tient pas de la saga people mais bien du règlement de compte politique. En s'attaquant à sa vie privée, quelqu'un veut lui nuire pour ce qu'il représente. Et il a un suspect en tête, le locataire de la Maison-Blanche en personne, un certain Donald Trump.

MI-JANVIER 2019

Dans les jours qui suivent l'annonce du divorce Bezos, les magazines people américains se mettent en quête de détails croustillants. Rapidement, ils exhument une photo datée d'il y a à peine deux semaines, à la cérémonie des Golden Globes, où deux séries Amazon ont été récompensées. Les photographes ont alors mitraillé Jeff Bezos, sans sa femme, mais portant toujours son alliance, trois jours seulement avant ce fameux communiqué.

Il n'en faut pas plus à la presse à scandale pour comprendre que le couple n'a pas vraiment maîtrisé le timing de son annonce. Un premier indice un peu maigre, qui s'apprête de toute façon à être balayé. Car le 28 janvier, Jeff Bezos fait la Une d'un magazine… Et pas n'importe lequel.

ALEXIS PICHARD

« Le journal en question s'appelle *The National Enquirer*. Il appartient au groupe médiatique American Media, plus connu sous l'acronyme AMI. Il a été dirigé pendant longtemps, entre 1999 et 2020, par David Pecker, qui a pour particularité d'être un ami fidèle et intime de Donald Trump.

Ce magazine a été créé en 1926 et il s'est spécialisé dans la publication d'affaires un peu scabreuses ou sensationnelles. Il a joué un rôle non négligeable dans de nombreuses campagnes électorales, y compris présidentielles, en publiant notamment des affaires d'adultère qui ont contraint certains candidats à se retirer de la course. C'est un magazine plutôt d'obédience conservatrice et qui attaque principalement les candidats démocrates, mais aussi des candidats républicains, dès lors qu'ils s'opposent à certains choix du magazine. »

Cette fois, le tabloïd ne s'en prend donc pas à un politique, mais à un homme d'affaires. La Une est typique d'un magazine people*, avec ce titre, en lettres capitales : « Jeff Bezos, les photos de la liaison qui ont mis fin à son mariage. »

À l'intérieur, onze pages sont consacrées à cette enquête. Ses auteurs affirment avoir suivi le couple pendant des mois, à travers cinq États américains. Ils publient aussi des retranscriptions de SMS échangés par Jeff Bezos et sa maîtresse. Et c'est ce détail qui chiffonne immédiatement le milliardaire : comment le journal s'est-il procuré ces messages privés ? Pour tenter de le savoir, il mandate Gavin de Becker, un détective privé qui a travaillé pour la CIA et les plus grandes stars d'Hollywood. Et en parallèle de cette enquête, Jeff Bezos décide de reprendre la main.

7 FÉVRIER 2019

Il publie un billet de blog** intitulé « Non merci, Monsieur Pecker » et révèle faire l'objet d'un chantage. Des intermédiaires du *National Enquirer* le

---

* *The National Enquirer.*
** medium.com/@jeffreypbezos

menacent de publier d'autres messages, accompagnés cette fois de photos dénudées échangées avec sa maîtresse. Et étonnamment, ce n'est pas de l'argent que réclament les maîtres chanteurs… mais une déclaration publique de Jeff Bezos quant au sérieux et à l'intégrité journalistique de leur magazine.

À ce moment-là, le patron d'Amazon ne comprend pas tous les tenants et les aboutissants de ce chantage. Mais il choisit de ne pas céder, et de publier tous les échanges entre ses avocats et ceux du tabloïd. Y compris donc la liste des photos intimes, avec leur description précise. « Toute la gêne que j'éprouve est secondaire, car il s'agit d'une affaire bien plus grave », écrit-il dans son billet.

Au terme de ce nouvel épisode, Jeff Bezos est plus déterminé que jamais à remonter la piste de ce qu'il considère être une machination. Et le milliardaire sait par où commencer, ou plutôt, par qui commencer.

ALEXIS PICHARD

« David Pecker est un PDG qui n'est pas vraiment soucieux des règles de déontologie qui ont trait à la presse : l'objectivité, la neutralité… Comme on l'a dit, c'est un proche de Donald Trump, qui le soutient depuis sa candidature de 2000, quand le milliardaire avait brigué l'investiture du Parti de la réforme. Et depuis, ils ont une relation amicale

> très proche, qui s'est notamment concrétisée lors de la campagne électorale en 2015-2016. »

Cette proximité a transpiré dans les colonnes du *National Enquirer* à chaque échéance électorale. En 2015, quand Donald Trump brigue l'investiture républicaine, et que le tabloïd publie une sombre histoire reliant la famille de son adversaire Ted Cruz à l'assassinat de Kennedy; puis en 2016, en pleine campagne présidentielle, quand le magazine affirme que la candidate démocrate Hillary Clinton souffre d'une tumeur mortelle au cerveau. Et puis, au-delà de ces fausses informations, David Pecker est connu pour avoir recours à ce que l'on appelle le *catch-and-kill*.

ALEXIS PICHARD

> « Le *catch-and-kill*, littéralement, c'est "attraper et tuer". C'est une pratique de la presse qui consiste à acquérir un témoignage, une révélation, afin qu'il ne soit pas diffusé, c'est-à-dire qu'on va acheter les droits d'un témoignage pour pouvoir "tuer" ce témoignage et l'enterrer, en quelque sorte. Donc, bien sûr, ça a été extrêmement important et essentiel pour Donald Trump, qui avait quand même quelques casseroles, quelques scandales à faire oublier… »

David Pecker a ainsi racheté un premier témoignage, celui d'un ancien concierge qui prétendait que Donald Trump avait eu un enfant illégitime avec l'une de ses employées. Montant de la transaction : 30 000 dollars. Mais ça n'est pas tout.

ALEXIS PICHARD

« Le deuxième témoignage, c'était celui de Karen McDougal, une playmate avec laquelle il avait eu une affaire en 2005, alors qu'il venait de se marier avec Melania, et que celle-ci était sur le point d'accoucher de son fils Barron. Naturellement, c'était une affaire qui était préjudiciable pour le camp Trump, et son groupe AMI a décidé de dépenser 150 000 dollars, en accord avec l'avocat de Donald Trump qui était Michael Cohen. C'était son "fixer", c'est-à-dire la personne en charge de résoudre tous les problèmes et d'aplanir la réputation du candidat. Ils se sont mis d'accord pour faire un chèque de 150 000 dollars à cette playmate pour qu'elle garde le silence et que cette affaire ne soit jamais révélée dans la presse. »

Dans le puzzle que Jeff Bezos et ses enquêteurs essaient de reconstituer, David Pecker fait donc le lien entre le *National Enquirer* et Donald Trump. Et si cette connexion les intéresse, c'est parce que le président américain n'a jamais caché son inimitié envers le fondateur d'Amazon.

ALEXIS PICHARD

> « D'abord, cette rivalité entre Jeff Bezos et Donald Trump s'explique pour des motifs financiers et éminemment personnels. Ce sont deux entrepreneurs, deux hommes d'affaires et, comme vous le savez, Donald Trump porte un certain intérêt ou en tout cas voue une certaine fascination à l'argent, à la richesse et à l'étendue de la richesse. Or, le problème, c'est que Jeff Bezos est bien plus riche que lui. En 2020, on évalue la fortune personnelle de Bezos à 110 milliards de dollars, contre 3 milliards pour Donald Trump.
>
> Cette relation repose sur des valeurs masculinistes, parce que Donald Trump considère que la richesse est un reflet de la masculinité, de la virilité. Donc pour lui, c'est une affaire d'hommes, une affaire de phallus, et c'est la raison pour laquelle cette rivalité financière est si importante pour lui. »

Au-delà de cette rivalité masculine et financière, les deux hommes s'opposent depuis plusieurs années sur le terrain des médias. Jeff Bezos est le propriétaire du *Washington Post*, un journal avec lequel Donald Trump entretient un lourd passif. En 2016, c'est ce quotidien qui avait exhumé la vidéo dans laquelle le candidat républicain se vantait de pouvoir attraper « n'importe quelle femme par la chatte. »

ALEXIS PICHARD

« Ces révélations, bien entendu, ont eu un impact considérable sur sa réputation. Plusieurs soutiens républicains ont pris leurs distances vis-à-vis de lui, notamment Paul Ryan. Parce que, bien sûr, on était dans un contexte post-MeToo, en tout cas, on était déjà dans cette ère de nouvelle vague féministe. Et c'était ce qu'incarnait Hillary Clinton. Donc diffuser ces éléments à ce moment-là de l'élection, c'était perçu comme une attaque politique, ce que n'a jamais digéré Donald Trump. Et c'est pour cette raison que, durant sa mandature, il n'a eu de cesse de s'en prendre au *Washington Post*, à Jeff Bezos qui en est son propriétaire, mais aussi à Amazon.

Par exemple, il a incité les employés d'Amazon à faire une grève illimitée. Il a aussi diabolisé Amazon en disant que cela portait préjudice aux services de postes locaux – parce qu'il y a ces services postaux qui sont moins chers que quand on commande par la poste habituelle. Donc finalement, il a ciblé ses efforts sur Amazon pour fragiliser et le *Washington Post*, et *in fine* Jeff Bezos.

D'après des conseillers cités par la presse, la rancœur du président américain a tourné à l'obsession au fil des années. Sur Twitter, Donald Trump ne cesse de remettre en cause la crédibilité du *Washington Post*.

Et dans son billet de blog*, en réponse au chantage du tabloïd, Jeff Bezos écrit même : « Il est inévitable que certaines personnes puissantes faisant l'objet de reportages dans le *Washington Post* me considèrent, à tort, comme leur ennemi. Le président Trump fait partie de ces personnes. »

Reste pour le patron milliardaire à trouver les éventuels intermédiaires de cette affaire. Et surtout, des preuves de leur implication.

Sur le terrain, l'enquêteur Gavin de Becker et ses équipes progressent. Ils font appel à FTI, une société de conseil en cybersécurité, pour expertiser le téléphone portable de Jeff Bezos. Et assez rapidement, deux pistes se dégagent. La première, c'est celle de Michael Sanchez, le frère de Lauren, la maîtresse de Jeff Bezos. Il aurait pu fouiller dans le téléphone de sa sœur et fournir les SMS et les photos au tabloïd dans un but financier… ou politique.

ALEXIS PICHARD

> « Et le lien avec Donald Trump se fait sur la base de sa fonction, de son emploi, puisque Sanchez est un professionnel des relations publiques. Il a été amené

—

* medium.com/@jeffreypbezos

à côtoyer notamment David Pecker mais aussi Roger Stone, qui sont deux proches de Donald Trump. Et lui-même s'est présenté comme quelqu'un qui était proche de l'idéologie et des valeurs de Trump, donc probablement supporter de sa politique. »

Interrogé par la presse, Michael Sanchez nie avoir récupéré la moindre photo intime de Jeff Bezos. Il reste en revanche évasif quant aux messages échangés par les amants.

Reste la deuxième piste, qui dépasse les frontières des États-Unis et conduit les enquêteurs jusqu'en Arabie saoudite. Leurs soupçons portent sur le personnage le plus important du royaume, le prince héritier Mohammed Ben Salmane, avec qui Jeff Bezos avait échangé son numéro en 2018. Et le scénario est celui d'une série américaine : les quelques messages envoyés par le prince auraient servi de porte d'entrée à une opération de piratage…

ALEXIS PICHARD

« Effectivement, on a l'impression d'un récit presque sériel ou filmique, celui d'un film d'espionnage dans lequel, on a d'une part, un conflit intrafamilial avec le frère d'une maîtresse, et d'autre part, une machination politique, géopolitique, internationale, avec l'immixtion de l'Arabie saoudite dans des affaires entre un président et un rival médiatique… »

Quel serait le mobile de cette immixtion ? Pour le comprendre, les détectives ajoutent une nouvelle pièce au puzzle : l'assassinat du journaliste progressiste Jamal Khashoggi, qui aurait été commis en 2018 et commandité par le prince héritier lui-même. Khashoggi écrivait des articles d'opinion dans… le *Washington Post* de Jeff Bezos. Et depuis sa mort, le journal ne cesse d'enquêter, notamment sur les investissements troubles de ce pays aux États-Unis.

Des reporters ont ainsi révélé la tenue d'un dîner organisé à la Maison-Blanche par Donald Trump, en présence d'un conseiller de Mohammed Ben Salmane et de David Pecker, à la recherche de financements pour son conglomérat médiatique…

ALEXIS PICHARD

> « En 2017, on avait déjà vu les prémices de cette relation avec un magazine qui avait été édité par le groupe AMI et qui était en gros une luxueuse brochure d'une centaine de pages exaltant le régime saoudien. Cette publication a valu à sa compagnie d'être sévèrement critiquée aux États-Unis comme étant une sorte d'outil de propagande du régime saoudien. »

La boucle semble bouclée, et en janvier 2020, tout s'accélère. Au début du mois, la piste saoudienne tient la corde : les équipes de la société FTI ont exploré l'iPhone de Jeff Bezos de fond en comble et leur rapport conclut à une infection par un puissant logiciel espion. Le document est même relayé par deux rapporteurs de l'ONU, qui demandent des comptes au régime de Mohammed Ben Salmane...

Mais quelques semaines plus tard, une enquête du *New York Times* vient redistribuer les cartes. Le quotidien a pu consulter un contrat signé entre Michael Sanchez et le *National Enquirer* en octobre 2018, soit quatre mois avant la Une scabreuse du tabloïd. Moyennant 200 000 dollars, le frère de la maîtresse de Jeff Bezos s'est bel et bien engagé à fournir des messages du couple. Le « film d'espionnage » s'arrête là, quelque part entre la certitude d'une trahison familiale et les forts soupçons d'ingérence étrangère. Au moment où nous publions ce livre, ni l'Arabie saoudite ni son prince héritier n'ont eu affaire à la justice dans ce dossier.

Entretemps, en juillet 2019, Jeff Bezos et Mackenzie Scott ont finalisé leur divorce. Et divorcer dans un parfum de scandale quand on est milliardaire, ça coûte cher : 38 milliards de dollars. Le fondateur d'Amazon a cédé à son ex-femme une participation de 4 % dans sa compagnie. Lui a depuis perdu sa place d'homme le plus riche du monde. Tandis qu'elle est devenue une figure de la philanthropie en donnant à des associations plus de 12 milliards de dollars directement issus des revenus d'Amazon !

LA CHUTE DE

L'EMPIRE LAGARDÈRE

INVITÉ

OLIVIER UBERTALLI

Journaliste au *Point* et auteur du livre *Grandeur et décadence de la Maison Lagardère**

2 MAI 2013

Aux alentours de midi, les premiers exemplaires du journal *Le Monde* arrivent dans les kiosques parisiens. Dans cette édition, le grand quotidien du soir publie une interview d'Arnaud Lagardère à la veille de l'assemblée générale du groupe. Le PDG est sous le feu des critiques après son désengagement d'EADS et de la filière sport du groupe. Dans les colonnes du *Monde*, il le dit haut et fort : « Oui, il est prêt à racheter à Vivendi la chaîne Canal+ », dont son groupe

* Seuil, 2022.

détient à l'époque 20 % du capital. Selon lui, Vivendi « manquerait d'optimisme » pour Canal.

Il n'en sera rien. Finalement, Canal+ ne rentrera jamais dans le giron de Lagardère. *A contrario*, c'est finalement Vincent Bolloré qui prendra le contrôle de Vivendi et donc de la chaîne cryptée. Ironie de l'histoire, c'est encore Vincent Bolloré qui viendra dévorer Lagardère en février 2021 par le biais d'une OPA. Jusqu'à détenir aujourd'hui plus de 57 % de ce groupe. En seulement deux ans, Arnaud Lagardère va perdre la main sur l'empire que son père avait patiemment construit pendant quarante ans !

L'histoire des Lagardère, c'est celle d'une illustre famille du capitalisme. Un fleuron français, qui a totalement sombré après la mort brutale de Jean-Luc Lagardère en 2003. Lagardère, c'est donc l'histoire d'une succession ratée… Avec en toile de fond cette question qui reste encore aujourd'hui en suspens : Arnaud Lagardère a-t-il un jour réellement voulu prendre la suite de son père Jean-Luc ?

NOVEMBRE 1974

Une Citroën DS noire avec chauffeur et garde du corps stationne devant l'appartement familial de

350 m^2 de l'avenue Hoche, dans le VIIIe arrondissement de Paris. Arrive le jeune Arnaud Lagardère, âgé de 13 ans, en classe de quatrième, qui vient de prendre son petit-déjeuner en compagnie de son père. C'est leur rituel. Tous les matins, dans la salle à manger, Jean-Luc Lagardère s'installe avec l'un des collaborateurs du groupe ainsi que son fils à ses côtés pour parler business. Une façon déjà d'associer et, il l'espère, de préparer Arnaud à sa vie future de PDG du groupe.

Le trajet en voiture dure à peine dix minutes. Deux kilomètres séparent l'appartement de son établissement scolaire, le collège-lycée Janson-de-Sailly situé rue de la Pompe, dans le XVIe arrondissement. Roland, le chauffeur, a l'habitude. Il ne s'arrête pas juste devant le bâtiment mais un peu plus loin, pour ne pas gêner Arnaud devant ses camarades. L'établissement est fréquenté par l'élite parisienne. L'ex-président Valéry Giscard d'Estaing, mais aussi des industriels comme Serge et Olivier Dassault ou des intellectuels comme Jacques Attali sont passés sur les bancs de ce lycée.

Le jeune Arnaud mène une vie heureuse. L'hiver, le ski à Courchevel; l'été, les plages de Marbella en Espagne. Et des week-ends dans les paddocks de course automobile pour voir Henri Pescarolo gagner les 24 Heures du Mans trois années de suite sur une Matra, du nom de l'entreprise de son père. Jean-Luc sait faire rêver son fils. Alors lorsque sa mère, Corinne Levasseur, quitte le domicile familial, Arnaud, lui, reste avec son père. Une enfance couvée par papa donc…

OLIVIER UBERTALLI

> « Cette vie sous cloche où il sort rarement des beaux quartiers a fait d'Arnaud Lagardère un adolescent assez solitaire…
> Son père le fait protéger par un garde du corps, puisque c'était une époque assez tumultueuse, les années 1970, avec notamment des enlèvements d'enfants. Et il commençait à être un patron en vue. Donc il protège et surprotège son fils. Mais c'est une relation quand même aussi un peu étrange : par exemple, quand ils partent en week-end en Normandie, il délaisse son fils pour s'occuper de ses chevaux, passion qu'il ne partage pas avec Arnaud. Et cela a rendu celui-ci très solitaire. »

Et pour cause, son père est un bourreau de travail qui a ses entrées chez tous les politiques de l'époque.

10 MAI 1981

Après une partie de tennis, Jean-Luc Lagardère rentre rapidement chez lui. Il veut suivre les résultats de l'élection présidentielle. Il téléphone alors à Étienne Mougeotte, directeur d'Europe 1, la première radio de France dont il vient de prendre le contrôle. Dès 18 h 30, il le sait, François Mitterrand va être élu président de la République. Dans son programme, le socialiste a été très clair. Il veut nationaliser les grandes entreprises dans les industries clés comme l'armement et l'aérospatiale… C'est exactement le secteur de Matra, acronyme de « Mécanique Aviation Traction », fabriquant de missiles et de satellites. En bon capitaine d'industrie, Jean-Luc Lagardère tente de sauver son groupe. Et l'enjeu est de taille après quatre années de réussite insolente. Lagardère vient en effet de mettre la main sur la manufacture d'horlogerie Jaeger, les carburateurs de Solex, et ce qui restera LA grande réussite de sa carrière : le groupe d'éditions Hachette.

Tandis que son père tente de sauver le groupe, Arnaud Lagardère vit sa jeunesse dorée…

7 SEPTEMBRE 1981

Il est au volant de sa Matra Murena de 118 chevaux sur les petites routes de Normandie. Avec l'un de ses amis, ils vont passer le week-end au Val d'Henry, une maison de campagne dans le Calvados, sans piscine mais avec tennis et l'élevage de chevaux de la famille. Dans la voiture, tout se passe bien. Arnaud Lagardère monte la musique. Il souffle pour lui un petit vent de liberté. Mais en haut d'une côte sur une départementale, sa vie va momentanément basculer. La Matra Murena est percutée de plein fouet par un camion. Alors que son ami s'en sort quasi indemne, Arnaud Lagardère, qui a la rate éclatée et de multiples fractures, est plongé dans le coma. Très rapidement, son père est averti que son fils est entre la vie et la mort. Un véritable choc pour Jean-Luc Lagardère.

OLIVIER UBERTALLI

« Ce qui rend l'épisode encore plus tragique, c'est qu'Arnaud est son fils unique. Il se rend compte qu'il a failli le perdre, et il se dit qu'il faut qu'il s'en occupe un peu plus. Mais il est toujours autant tiraillé entre ses deux bébés, son fils et son empire industriel et médiatique qu'est Matra-Europe 1-Hachette.

Cet accident est un événement fondateur puisque Jean-Luc Lagardère va s'occuper davantage de son fils au cours des années suivantes. Il comprend qu'Arnaud n'aura sans doute pas de formation d'ingénieur, contrairement à lui qui a fait Supelec. Et finalement son fils va suivre des cours du soir à l'université de Paris-Dauphine tout en faisant sa rééducation. Et Jean-Luc commence à le préparer pour prendre sa succession. On est au milieu des années 1980. »

Au total, il faudra à Arnaud Lagardère un an de convalescence, mais il est sauvé. Et Jean-Luc a réussi à sauvegarder son empire. Matra ne sera nationalisé qu'à 51 % et Jean-Luc Lagardère pourra rester à la direction opérationnelle. Arnaud Lagardère obtient, lui, à l'âge de 25 ans, un DEA en management et gestion des entreprises.

Après cet épisode, Arnaud Lagardère commence à montrer à son père sa réelle ambition. Mais il lui faut passer un test grandeur nature pour gagner en légitimité. En 1994, Jean-Luc l'envoie avec femme et enfants aux États-Unis. L'objectif ? Redresser Grolier, un éditeur que son père vient d'acheter. Arnaud vit dans l'anonymat à Greenwich, dans le Connecticut. À 34 ans, le mode de vie américain semble lui convenir à la perfection. Et c'est une réussite. Grolier remonte la pente et Arnaud s'épanouit.

Pendant toute cette période, à Paris, le bateau Lagardère tangue, mais Jean-Luc tient bon la barre. Il voulait récupérer TF1. C'est un échec. Il voulait faire du Matra Racing un concurrent sérieux au Paris Saint-Germain. C'est aussi un échec. Alors qu'il va aussi échouer à redresser la Cinq, la chaîne de télé, il décide, par un habile changement de statuts de société, de se rendre incontournable pour le groupe. Voire indétrônable. Lui, et dans le futur, son fils, évidemment. La manœuvre ? Une petite trouvaille astucieuse appelée « société par commandite ».

OLIVIER UBERTALLI

> « Une commandite par actions ? C'est tout simplement une structure de société qui permet de détenir et de garder le pouvoir tout en possédant une infime partie du capital de la société. Il n'était donc pas majoritaire dans ses sociétés, mais il en avait le contrôle.
> C'est pratiquement impossible dans ce cas d'être délogé, et évidemment, il prépare la suite. Il pense à sa succession. Il se dit qu'avec une telle structure de société, s'il lui arrivait quelque chose dans les années à venir, son fils serait protégé, notamment des attaques de certains groupes industriels concurrents s'il leur venait l'envie de racheter le groupe Lagardère.
> C'est une sorte de château fort qu'il a mis en place. »

À Paris, papa est donc en train de « blinder » la société, pendant qu'Arnaud, lui, se révèle aux États-Unis. Il y découvre les nouvelles technologies. En 1995, le groupe Lagardère lance Club Internet. C'est le premier grand fournisseur d'accès au Web avec un abonnement en France. Le succès est fulgurant. Déjà près de 500 000 abonnés en 2000. Cinq ans plus tard, Arnaud va le revendre en faisant une plus-value de près de 60 millions d'euros. Le test grandeur nature est réussi.

Arnaud Lagardère rentre des États-Unis en 1998. C'est l'âge d'or de la famille Lagardère.

14 OCTOBRE 1999

Ce jour marque la naissance d'EADS qui deviendra Airbus, le grand constructeur européen d'aviation. Et tous veulent être sur la photo : le président du groupe Daimler, le chancelier allemand Gerard Schroeder, le Premier ministre français Lionel Jospin, le ministre de l'Économie Dominique Strauss-Kahn, et bien entendu Jean-Luc Lagardère, tout sourire. Le père Lagardère devient ainsi numéro un de l'aéronautique et de la défense en Europe et gagne un surnom : « le corsaire de la République ».

Mais l'empire Lagardère va brutalement basculer en 2003.

26 FÉVRIER 2003

Jean-Luc Lagardère prend la direction de la Clinique du sport. La raison ? Sa hanche droite le fait affreusement souffrir et il n'a qu'une hâte : pouvoir rejouer au tennis et aller skier à Courchevel. L'opération se passe bien. À 75 ans, Jean-Luc Lagardère doit maintenant observer une période de récupération. Sauf que Jean-Luc est de plus en plus gêné par d'étranges douleurs au crâne. Parfois, il se réveille en pleine nuit.

Le samedi 8 mars, Jean-Luc Lagardère tombe dans le coma. Six jours après, le vendredi 14 mars, son décès est annoncé dans toute la presse.

L'enterrement est digne d'un chef d'État : deux mille invités. Le Tout-Paris est là. Alain Delon, Julien Clerc, Carla Bruni, Bernard Henri-Levy. Le capitaine d'industrie est mort d'une encéphalomyélite aiguë, une maladie neurologique très rare et foudroyante. Des rumeurs sur les causes de sa mort vont agiter l'entreprise pendant des semaines. Mais finalement le parquet de Paris ordonne une autopsie, classée sans suite. Son fils n'a malheureusement pas pu le voir avant son décès. Arnaud perd son père, mais aussi son mentor. Et à 42 ans, il se retrouve à la tête d'un groupe de 35 000 salariés qui pèse 13 milliards d'euros. Tout le poids des responsabilités de cet héritage lui tombe d'un seul coup sur les épaules. Gérer EADS devient de plus en plus pesant. « Trop lourd, trop politique », dit-il. Surtout quand l'entreprise apparaît davantage dans la rubrique judiciaire que dans celle des réussites économiques : l'affaire Clearstream, la catastrophe industrielle de l'A380, les accusations de délit d'initié…

Sous la pression, Arnaud Lagardère finit par prendre l'une des pires décisions de sa carrière. Il se désengage d'EADS en 2013 quand l'action est à 35 euros… alors qu'elle remonte à 100 euros en novembre 2021 !

Des barons du groupe analysent ainsi ce choix: si Arnaud Lagardère était resté dans EADS-Airbus, il serait aujourd'hui le roi du pétrole!

En parallèle, Arnaud Lagardère essaye également de lancer son groupe dans le sport, sa grande passion. Il veut entrer sur le marché des droits de retransmission sportif. Il rate ceux de l'Euro de football 2016 mais créé son « Team Lagardère », avec notamment une équipe de jeunes prodiges du tennis français. Là encore, les problèmes s'accumulent. Richard Gasquet, l'égérie de son équipe, se retrouve au cœur du cyclone pour un contrôle positif à la cocaïne. Et pour couronner le tout, la crise des subprimes de 2008 vient s'abattre sur l'économie. Les sponsors et les financeurs du sport réduisent leurs dépenses. Arnaud Lagardère finit par se désengager aussi de sa filière sport après avoir englouti… un milliard d'euros!

« Junior », comme il est surnommé, prend de plus en plus de recul. Il est désinvolte, se fait remarquer surtout par ses échecs. Et comme l'écrit Olivier Ubertalli dans son livre précité, il rate aussi beaucoup de séminaires très importants.

OLIVIER UBERTALLI

« On remarque beaucoup d'absences d'Arnaud Lagardère dans les années 2010-2014. Comme

> lors de cette assemblée générale d'EDF ou de ce séminaire de cadres à Rome, au cours duquel, notamment, beaucoup d'éditeurs d'Hachette s'étonnent de son absence. Quand ils regardent sur leur téléphone, ils se rendent compte que c'était l'anniversaire de sa nouvelle fiancée.
>
> Et toutes les absences d'Arnaud Lagardère dans les années 2010 sont liées à son nouvel amour, Jade. On remarque alors son dilettantisme.
>
> Il gagne sa réputation de grand absent. Certains cadres s'en plaignent, s'en offusquent même, quand il prend l'habitude de passer une tête dans les réunions sans connaître les dossiers. Et c'est, je pense, à ce moment-là que la bascule a lieu. »

Jade, c'est Jade Foret, une mannequin belge de prêt-à-porter, qu'il a rencontrée en 2011. Lui a trente ans de plus… et vingt centimètres de moins ! C'est le coup de foudre. Quelques mois plus tard, ils officialisent leur relation avec des photos dans le magazine *Le Soir*, le plus grand quotidien belge. Arnaud en pull moulant et Jade en robe violette font rapidement la Une de la presse people. Dans l'histoire du CAC 40, c'est une première. Aucun patron ne s'était jamais affiché de la sorte ! Dans les couloirs du groupe, ces photos font grand bruit. Beaucoup de cadres sont déçus. Mais le couple remet ça. Cette fois, c'est encore plus osé. En novembre 2012 sort à la Radio-télévision belge francophone, la RTBF, le documentaire *La Belle, le Milliardaire et la Discrète** dans lequel on découvre des scènes très embarrassantes. La belle-mère de Jade multiplie les allusions gênantes à propos de la virilité d'Arnaud Lagardère. « Je m'en fous. Je n'ai aucun complexe, j'emmerde les gens », finira-t-il par dire dans le reportage.

Surexposition dans la presse à scandale, mauvais choix stratégiques au sein du groupe, train de vie dispendieux conjugués au Covid-19 plongent Arnaud Lagardère dans de graves problèmes financiers. Dès 2020, ses boutiques Relay dans les aéroports et les gares, vidées par les confinements successifs, ne lui rapportent plus que 2 millions d'euros contre près de 12 millions d'euros annuels avant la crise sanitaire ! C'est beaucoup trop peu pour quelqu'un qui a commis un péché originel : celui d'avoir racheté des titres de sa propre entreprise à la mort de son père au point de s'endetter lourdement. Il doit aux banques 164 millions d'euros à la fin de l'année 2019.

Au printemps 2020, son leitmotiv est clair. Arnaud Lagardère doit sauver sa peau. D'un côté, il va demander de l'aide à l'homme le plus riche de

* Réalisé par Marc de Smedt.

France, Bernard Arnault, pour soulager les banques. De l'autre, il veut contrer le fonds d'investissement Amber Capital en faisant entrer Vincent Bolloré et son groupe Vivendi au capital de Lagardère. La fameuse structure d'entreprise en commandite qui le rendait imprenable est démantelée. La forteresse construite par son père est tombée. Le groupe est transformé en société anonyme. Le « loup » Vincent Bolloré peut donc entrer dans la bergerie. Et il ne va pas se priver… Il va prendre le contrôle de la majorité du groupe lors d'une OPA en 2021. Le journaliste Olivier Ubertalli a interviewé à plusieurs reprises Arnaud Lagardère. Et à ce sujet son discours reste toujours le même. Selon lui, l'essentiel a été sauvé !

OLIVIER UBERTALLI

« Mais lui, il dit de manière très concrète, même dans des communiqués : "Je suis très fier et très content de rallier Vincent Bolloré et sa famille. Ils vont m'aider à préserver l'indépendance du groupe." Bon, c'est son interprétation à lui. L'indépendance du groupe, elle n'existe plus, et le groupe, il est devenu rikiki aujourd'hui. En tout cas, sa dette est repassée sous les 100 millions d'euros, et elle est devenue supportable, parce qu'en contrepartie il a toujours une participation au capital de son groupe qui lui permet de gérer. Il a assuré en fait son intérêt personnel, financier et celui de sa famille. Voilà pour le futur. C'est réglé, il ne fera pas de banqueroute, il ne sera pas saisi

> sur ses biens comme c'est arrivé à d'autres hommes d'affaires, comme Bernard Tapie par exemple. Et il a assuré son futur. Sa dette est devenue gérable. »

Arnaud Lagardère a donc évité le pire pour lui ! Il a assuré ses arrières. Et a eu ce qu'il voulait : conserver pour le moment son poste de PDG, avec Nicolas Sarkozy à son conseil de surveillance. Mais pour cela, il a dû détricoter l'empire. Dans sa branche médias, il vend le magazine *Elle*, la chaîne de télé Gulli, sa société de production Maximal, les magazines *Public*, *Marie-Claire*, *Cosmopolitan*, la chaîne Canal J. En 2021, le chiffre d'affaires de la boîte a diminué de plus de moitié depuis la mort de son père en 2003. Désormais, Arnaud se focalise sur l'édition. C'est d'ailleurs sa grande fierté. Avoir maintenu Hachette dans le trio de tête des éditeurs mondiaux ! Il garde encore quelques médias comme le *Journal du Dimanche*, *Paris Match* ou Europe 1… la radio de *Salut les copains* qui s'est récemment mise en grève, une première dans son histoire en soixante ans d'existence, pour s'opposer à la prise de contrôle par l'homme d'affaires breton Vincent Bolloré.

Si la grande maison Lagardère n'est plus ce qu'elle était, pour Arnaud, la vie continue. Comme chaque année, pendant l'été, il emmènera Jade et les enfants dans leur maison des Hamptons, près de New York.

LE BOURBIER RUSSE DE

LA FAMILLE MULLIEZ

INVITÉ

BENOÎT BOUSSEMART

Auteur de *La richesse des Mulliez**

24 FÉVRIER 2022

Les premières bombes russes frappent la ville de Kiev. C'est le début de l'offensive de Vladimir Poutine contre l'Ukraine et de ses innombrables conséquences politiques et économiques à échelle mondiale.

C'est une guerre qui va aussi mettre un coup de projecteur inattendu sur une famille française, sixième fortune du pays, la famille Mulliez. Un nom presque inconnu du grand public, qui ne fait pas

---

* Éditions Estaimpuis, 2011.

régulièrement la Une des journaux comme d'autres fortunes françaises, tels Bernard Arnault, Vincent Bolloré ou la famille Bettencourt. Pourtant, vous connaissez forcément les marques qu'ils possèdent, aussi bien dans la grande distribution (Auchan), le sport (Decathlon), l'habillement (Pimkie, Kiabi) ou encore le bricolage (Leroy Merlin, Kiloutou).

C'est une famille qui déteste la lumière et qui fait tout pour se rendre invisible. Mais le problème, avec le début de l'invasion de l'Ukraine par l'armée russe, c'est que le nom de la famille Mulliez se retrouve à faire les gros titres de l'actualité. Et pour cause. Alors que la plupart des grandes marques internationales, symboles de la consommation occidentale, font le choix de suspendre leurs activités en Russie (on pense à McDonald's, Coca, Ikea, Apple ou encore Renault), eux font le choix inverse. Malgré les critiques de l'opinion publique, la famille Mulliez décide de maintenir ouvertes ses enseignes Auchan, Decathlon ou Leroy Merlin, implantées depuis une vingtaine d'années au pays de Poutine.

Quand une galaxie française ultra-discrète est bousculée par un conflit militaire, c'est l'histoire du bourbier russe de la famille Mulliez.

XIXE SIÈCLE

Il faut fouiller dans les archives de la famille Mulliez pour mieux la comprendre. Tout commence à la fin du XIXe siècle avec un homme, Louis Mulliez-Lestienne, originaire de Roubaix, dans le nord de la France. Il démarre son entreprise avec une petite filature de laine. C'est un modeste commerçant mais, grâce à sa descendance, les choses vont prendre une tout autre tournure. Il faut dire qu'il a eu onze enfants, qui vont poursuivre et faire prospérer cette industrie lainière. Parmi ses onze enfants, on trouve un certain Gérard Mulliez, le père de celui qu'on connaît un tout petit peu aujourd'hui dans la famille, Gérard lui aussi – on ne faisait pas vraiment dans l'originalité, à l'époque, pour trouver les prénoms de ses enfants –, et c'est ce Gérard Mulliez, petit-fils de Louis donc, qui va changer l'avenir de la famille.

LA FIN DES ANNÉES 1950

Le jeune Gérard Mulliez travaille dans l'entreprise familiale : il est d'abord contremaître puis chef de fabrication, mais se fait emporter deux doigts de la main droite dans une machine textile. Fini l'usine, son père, qui se demande bien ce qu'il va pouvoir en faire, l'envoie donc aux États-Unis. Là, il rencontre le pape de la grande distribution de l'époque, Bernard Trujillo, à l'origine des premiers hypermarchés américains.

De cette rencontre, le jeune Gérard Mulliez développe une intuition: il faut absolument importer ce modèle en France. Qu'à cela ne tienne, il revient au pays et décide d'ouvrir un premier magasin dans une ancienne usine textile de la famille, une enseigne intitulée « Hauts champs », en deux mots, en référence à sa région: le Nord. Le nom évoluera ensuite en un seul mot, Auchan, qu'on connaît aujourd'hui, un changement pour apparaître tout en haut de l'annuaire, malin!

Le projet est ambitieux, mais les débuts sont difficiles… Gérard Mulliez peine à s'imposer. Il décide donc de prendre conseil auprès d'Édouard Leclerc, le fondateur des magasins du même nom. Ce dernier lui explique qu'il faut casser les prix pour vendre plus. Mulliez intègre parfaitement le concept et devient rapidement une référence dans la grande distribution dans le Nord de la France. Il se met à acheter des terrains agricoles dans l'idée d'implanter de nouveaux centres commerciaux. Mais pour se développer, Gérard Mulliez a besoin de capitaux. Les banques ne sont pas très généreuses? Tant pis, il se tourne naturellement vers les membres de sa grande famille.

Et il décide de créer l'Association familiale Mulliez, qui va poser les bases du succès de la sixième fortune française.

BENOÎT BOUSSEMART

> « Le compte familial, c'était quoi ? C'était faire comprendre aux gens que "nous, on n'est pas des capitalistes normaux, on est des gens bien, on travaille pour les gens, pour leur donner beaucoup de nourriture pas cher. Et donc qu'est-ce qu'on fait ? Nous, on fait du business, mais pas du business comme tout le monde. Et dans ce cadre-là, on n'est pas un groupe financier comme tout le monde. Donc on s'appellera une association." Et ils ont appelé ça l'Association familiale Mulliez. L'Association familiale Mulliez est très simple : quelques sociétés qui regroupent les intérêts de tous les membres de la famille, mais de tous, *via* des sociétés civiles que chacun possède. Et chacun possède un certain nombre de titres d'un paquet de titres. S'ils les vendent, ils doivent les vendre au sein de la famille à un prix fixé par la famille dans des conditions de sortie fixées par la famille. Tout est dans la famille. »

Il faut bien comprendre que la famille Mulliez a une vision très patrimoniale de l'entreprise. Pas question donc d'entrer en Bourse, même quand une société est extrêmement florissante. Deux principes majeurs guident l'esprit de cette Association familiale Mulliez.

D'abord, pour être bien sûr que tout reste dans la famille, seuls les descendants de Louis Mulliez et de sa femme sont autorisés à posséder des titres des sociétés. Deuxième règle importante : l'idée d'un « communisme actionnarial ». En d'autres termes, les actions des entreprises existantes comme de celles à venir sont mises au pot commun. Ça implique plus de solidarité et surtout cela facilite la succession. Une fois entrés à l'intérieur de l'association, les nouveaux arrivants sont encouragés à lancer leur propre affaire, afin de faire fructifier le magot familial.

Chez les Mulliez, il existe une autre règle tacite : on ne place pas au pouvoir les enfants sans les former, comme c'est le cas dans d'autres groupes français très connus, par exemple Lagardère. En effet, pour participer à la richesse familiale et en faire partie, il faut commencer au bas de l'échelle…

BENOÎT BOUSSEMART

« Comme lui a commencé tout en bas, Gérard fait commencer au bas de l'échelle toutes les personnes qui veulent faire quelque chose dans les sociétés du groupe. C'est l'une des caractéristiques importantes de son fonctionnement. Les gens ne commencent pas au sommet. Une autre caractéristique : ils ne veulent pas de personnes de l'extérieur qui sortent des grandes écoles et qui ne savent rien. Comme ils disent : "Nous, on est

> des modestes, on fait notre boulot tranquillement, mais on le fait bien. Et en famille surtout !" »

Après soixante-dix ans de développement, la famille Mulliez continue de prospérer pour occuper aujourd'hui une place très importante dans l'économie française. Prenez une zone commerciale en périphérie de n'importe quelle ville. Autour d'un supermarché Auchan, vous trouvez de nombreuses enseignes, chacune positionnée sur un secteur bien précis : pour le sport, vous irez chez Decathlon, pour vous habiller, vous vous rendrez très probablement dans un magasin Kiabi, Pimkie ou Jules, vous ferez ensuite un tour chez Leroy Merlin pour acheter quelques articles de bricolage, sans oublier un petit passage dans un restaurant Flunch pour votre déjeuner. Sans vous en rendre compte, vous aurez passé la journée entière à donner de l'argent à la famille Mulliez.

Aujourd'hui, la dynastie Mulliez possède plus de 130 marques, emploie plus de 700 000 salariés dans le monde entier, pour un chiffre d'affaires cumulé de plus de 100 milliards d'euros par an. Et pour rester au plus haut niveau, la famille se tient à l'abri des regards, ne répond jamais à la presse, avec un leitmotiv qui tient dans la devise de la famille : « Le bruit ne fait pas de bien, le bien ne fait pas de bruit. » Dès qu'une tête dépasse dans la famille, les autres membres ne manquent pas de la faire rentrer dans le rang. On raconte ainsi qu'un jeune membre de la famille a dû ramener au concessionnaire le 4×4 BMW qu'il venait d'acheter… Idem pour Gonzague Mulliez, le patron de Saint-Maclou, qui a souhaité racheter aux autres actionnaires toutes les parts de sa société. Là aussi, il est vite revenu à la raison.

Mais le 24 février 2022, un événement imprévu va faire trembler la galaxie Mulliez et sa culture du secret… Un événement d'ampleur internationale : le déclenchement de la guerre en Ukraine, sur ordre du président russe Vladimir Poutine.

DÉBUT DES ANNÉES 2000

Gérard Mulliez vise le marché russe. Le fondateur d'Auchan rêve d'ouvrir des hypermarchés un peu partout dans cet immense pays de 17 millions de kilomètres carrés. Première pierre posée dans la banlieue nord de Moscou en 2001. Gérard Mulliez propose à toute une nouvelle classe moyenne d'accéder à la consommation de masse. À ces ménages russes qui avaient l'habitude de faire leurs courses sur des marchés et dans des petits magasins de proximité, le PDG d'Auchan offre des structures géantes de 16 000 m² avec des articles à des prix imbattables.

Les débuts sont difficiles, pour ne pas dire calamiteux, mais Gérard Mulliez s'accroche. Sans concurrent direct sur le secteur, il finit par s'imposer et multiplie les ouvertures de grandes surfaces. D'abord autour de Moscou, puis il étend petit à petit son maillage territorial. En quelques années, il devient le numéro deux de la grande distribution en Russie. Pari réussi ! Et comme tout reste dans la famille, chez les Mulliez, autant en faire profiter tout le monde. Dans le sillage d'Auchan, des enseignes Décathlon et Leroy Merlin s'installent également en Russie.

Alors quand les premières frappes russes touchent la ville de Kiev en février 2022, la famille Mulliez ne réagit pas dans la précipitation. Comme le rappelle l'économiste Benoît Boussemart, le premier épisode entre la Russie et l'Ukraine, en 2014, avec notamment l'annexion de la Crimée par l'armée de Vladimir Poutine, a laissé beaucoup de traces…

BENOÎT BOUSSEMART

> « La Russie, c'est un des endroits où ils ont gagné le plus d'argent, avec des chiffres d'affaires extrêmement importants, où ils sont les deuxièmes de la Russie en matière d'alimentation, etc. Il ne faut pas oublier ce qu'il s'est passé à la suite des premières sanctions prises contre la Russie en 2014, en réaction à l'annexion de la Crimée. Qu'est-ce qu'ils ont fait, les Russes ? Ils ont pris des mesures

> de rétorsion et ont développé leur agriculture. Aujourd'hui, ils ont donc une bonne agriculture qui arrive à approvisionner tous les magasins. »

Autrement dit, les premières tensions militaires entre Kiev et Moscou en 2014, suivies des sanctions européennes à l'encontre de la Russie, n'ont pas vraiment arrangé les affaires de la famille Mulliez. Reste le problème de l'image. Comment rester en Russie alors que de nombreuses enseignes internationales commencent à quitter le navire ?

Les images des frappes aériennes russes sont retransmises dans le monde entier. Des écoles, des hôpitaux, et même des maternités, sont bombardés par l'armée de Vladimir Poutine. Choquée, l'opinion publique mondiale se range très vite derrière l'Ukraine. Et pour soigner leur image, certains groupes internationaux prennent rapidement la décision de se retirer – pense à la major pétrolière britannique BP ou son concurrent néerlandais Shell qui suspendent leurs activités en Russie dès les premiers jours du conflit. D'autres marques américaines très connues leur emboîtent le pas : McDonald's, Starbucks et Coca-Cola. Et dans la foulée, certaines entreprises françaises font le même choix, citons par exemple les champions du luxe comme Chanel, Hermès et LVMH.

Un mois après le début de la guerre, des milliers de victimes civiles sont à déplorer. Et le 23 mars, le président ukrainien Volodymyr Zelensky s'adresse aux parlementaires français par vidéo. Après un message de paix et une demande d'aide militaire de la France, le chef de l'État, en t-shirt kaki et pantalon militaire, met la pression sur les groupes français encore présents en Russie. Et il va nommer directement des enseignes de la famille Mulliez :

Le discours de Volodymyr Zelensky devant le Parlement français, le 23 mars 2022 :

« *Pour que la liberté ne perde pas, le monde doit la soutenir avec des sanctions contre l'agresseur. Chaque semaine, un nouveau paquet de sanctions. Chaque semaine ! Les entreprises françaises doivent quitter le marché russe. Renault, Auchan, Leroy Merlin et autres, doivent cesser d'être les sponsors de la machine de guerre de la Russie, doivent arrêter de financer les meurtres d'enfants et de femmes. Toutes les entreprises doivent se rappeler une fois pour toutes que les valeurs valent plus que des bénéfices*[*]. »

—

*

Une pression qui va s'avérer payante puisque Renault, également cité par le président ukrainien, annonce son intention de suspendre ses activités en Russie moins de vingt-quatre heures après le discours de Volodymyr Zelensky ! Renault part, mais la famille Mulliez, elle, ne bronche pas. Pas question de quitter la Russie ! Pour l'économiste Benoît Boussemart, cette position peut se comprendre, contrairement à ce que réclament les syndicats des marques depuis des semaines et des semaines…

BENOÎT BOUSSEMART

« N'oubliez pas, ils sont en Russie, en Ukraine, en Roumanie, en Pologne, en Hongrie. Ils sont présents dans tous les pays de l'Est, avec des effectifs importants et un nombre de magasins considérable. Ils ont des positions dominantes dans tous les anciens pays de l'Est. On ne voit personne râler dans les pays de l'Est sur le fait qu'Auchan reste chez eux.

Le bruit ne fait pas de bien, d'accord, donc on ne dit rien et on reste tranquille. Le chien aboie, la caravane passe. On reste droit dans nos bottes sur des questions de principe. On donne à nourrir à une population qui en a besoin. On s'occupe des Russes, on ne s'occupe pas de Vladimir Poutine, on s'occupe non seulement des Russes, mais on s'occupe aussi des Ukrainiens. On s'occupe des Polonais qui sont pourtant eux aussi engagés dans tous ces gens-là, tous les magasins qu'ils

> ont accumulés dans l'Europe de l'Est, que ce soit en Pologne, en Russie, en Roumanie, en Hongrie, etc., et en Ukraine, ils donnent tous à manger aux populations.
>
> C'est du business, ce n'est rien d'autre. Sur deux ou trois ans, ils avaient rentabilisé la totalité de leur investissement, ensuite ce n'était que du bonus. Ils ont une puissance commerciale énorme en Russie, et je ne vois pas pourquoi ils s'en sépareraient comme ça. Au nom de quoi ? Moi, je pense que cette décision est la bonne, parce que c'est le seul moyen d'avoir encore un espace de dialogue avec les Russes. »

Malgré le bruit, la famille Mulliez a choisi de faire le dos rond. Les dirigeants des enseignes concernées ont quand même tenté d'expliquer leur choix. Mais pas question de s'étendre trop, juste le strict minimum. Quelques jours après le discours de Volodymyr Zelensky au Parlement français, le PDG d'Auchan Retail International, Yves Claude, est donc sorti de sa réserve et a défendu le maintien des activités du groupe en Russie. « Partir serait imaginable sur le plan économique mais pas du point de vue humain », a-t-il expliqué avant d'ajouter : « Nous pensons contribuer en période de forte inflation à protéger le pouvoir d'achat des habitants. » Autrement dit : nous ne nous occupons pas de la guerre, nous pensons aux Russes, un point c'est tout.

Difficile de parer cet argument : la famille Mulliez emploie plus de 77 000 personnes en Russie entre ses différents magasins Auchan, Decathlon et Leroy Merlin. Toujours est-il que ce pari pourrait s'avérer risqué pour son image de marque. Choqués par cette décision, les consommateurs décideront-ils de boycotter certaines enseignes de la famille Mulliez ? Seul le temps permettra de le dire. De leur côté, pour que les affaires continuent de prospérer, les membres de la sixième fortune française feront tout pour se rendre invisibles et se tenir bien à l'écart des Unes des journaux.

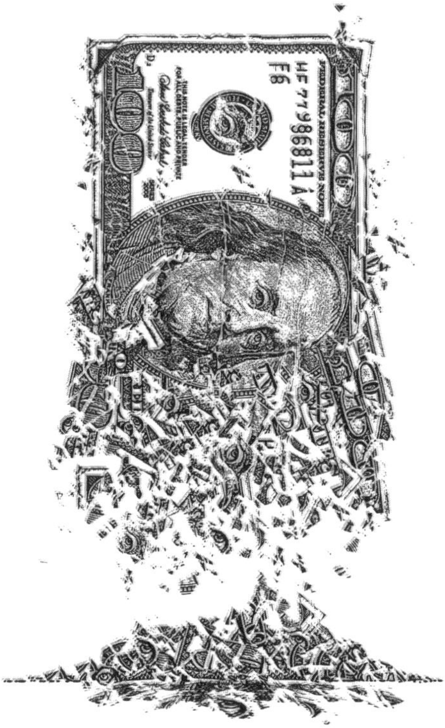

QUAND LE FEU EST ALLUMÉ

JOHNNY HALLYDAY

DES HÉRITIERS, DES PROMESSES ET DU FEU

9 DÉCEMBRE 2017

Place de la Madeleine à Paris, il est bientôt midi. Malgré un soleil radieux, il fait toujours un froid polaire sur la capitale. Depuis des heures, des dizaines de milliers d'anonymes sont pourtant massés, là, devant l'église aux colonnes. Sur la façade, un immense portrait en noir et blanc de leur idole a été accroché. Une scène a été installée sur la gauche des grilles d'entrée de l'église. On y joue du rock. Les fans chantent du « Gabrielle », hurlent du « Toute la musique que j'aime ». Parfois, ils se taisent. Et alors règne un silence de cathédrale sur la place du VIIIe arrondissement.

Aujourd'hui, la France est en deuil. Elle va rendre un dernier hommage à SA star, SON icône, SON Taulier : Johnny Hallyday ! Le rockeur s'est éteint trois jours plus tôt dans sa villa de Marnes-la-Coquette. Il avait 74 ans. Bien sûr, le pays savait que le chanteur était malade. Johnny n'avait rien caché du cancer des poumons qui le rongeait depuis des années.

Johnny, qui a bravé mille dangers, était un phénix. Le rocker lui-même riait des tours qu'il avait pu jouer à la grande faucheuse. Dans son autobiographie parue en 2013*, il disait même : « La première fois que je suis mort, je n'ai pas aimé ça, alors je suis revenu. » Cette fois, il faut se faire une raison : Johnny ne reviendra pas. Chacun doit se résoudre à lui dire adieu.

L'hommage populaire qui va lui être rendu lui ressemble. Démesuré. Supervisé par l'Élysée, il aurait coûté près de 2 millions d'euros. Rien n'est trop beau pour célébrer la mémoire du Taulier.

Le convoi funéraire descend d'abord les Champs-Élysées, précédé par sept cents bikers. Puis, il s'approche de l'église de la Madeleine. Elle est déjà remplie de sept cents invités. Quasiment que des VIP du monde artistique, politique ou médiatique. À l'extérieur, sur le parvis, il ne reste que deux personnes aux côtés d'Emmanuel et de Brigitte Macron : David Hallyday et Laura Smet, les enfants que Johnny a eus avec Sylvie Vartan puis Nathalie Baye. Lunettes noires sur le nez, main dans la main, le chanteur de « Sang pour sang » et la comédienne attendent le corbillard. Il arrive. À l'intérieur, la dépouille de Johnny dans

* *Dans mes yeux*, Plon.

un cercueil blanc. C'est de ceux qu'on « réserve aux enfants », pestera plus tard Geneviève de Fontenay, la Madame Miss France.

À sa suite, il y a des amis fidèles de la star: Jean Dujardin, Line Renaud, Guillaume Canet et Marion Cotillard, Jean Reno, Muriel Robin… Claude Lelouch filme tout avec son téléphone portable. Les caméras de télévision, elles non plus, ne ratent pas une miette de l'événement. Elles ne ratent surtout pas l'arrivée de Lætičia, la dernière épouse de Johnny, de trente-deux ans sa cadette. Avec elle, il y a leurs deux filles adoptives Jade et Joy, 13 et 9 ans. À ce moment-là, pour les Français, Læticia est une sainte qui a supporté les excès de Johnny, l'alcool, la drogue, les amis envahissants. C'est aussi elle qui l'a remis dans le droit chemin et l'a initié aux joies simples de la vie familiale. C'est elle enfin qui l'a soutenu dans ses derniers instants.

La jeune veuve s'approche de David et Laura. Ils s'enlacent pendant de longues secondes. Ils se disent des mots à l'oreille. Au passage du cercueil, ils s'empoignent. Jade et Joy sont en pleurs. En ce jour de deuil, la famille Hallyday, est à l'image de la France, groggy. Mais c'est un clan. Uni, soudé comme jamais.

Pourtant, on ne va pas tarder à comprendre que, derrière ces étreintes et ces démonstrations d'amour, se joue bien autre chose. Si le chagrin n'est pas feint, la communion, elle, est déjà craquelée par mille ressentiments. Ceux qui connaissent bien la famille savent qu'entre les enfants aînés de Johnny et leur jeune belle-mère, ça n'a jamais été l'amour fou. En réalité, ils ne se sont jamais vraiment entendus. Alors, en ce 9 décembre, à la douleur et la tristesse se mêlent des sentiments moins nobles. De la rancœur, un désir de vengeance… Derrière les lunettes noires et les larmes, chacun affûte déjà ses armes.

Il ne faudra pas attendre bien longtemps pour que les dissensions apparaissent au grand jour. Ce sera même dès le lendemain, alors que le corps de Johnny s'envole pour Saint-Barthélemy. Saint-Barth, c'est cette île des Caraïbes où le chanteur s'est fait construire une magnifique maison, la villa *Jade*. C'est là qu'il passait ses vacances avec Læticia, Jade et Joy. Là qu'il faisait la fête avec ses copains. C'est là, donc, qu'il sera inhumé.

Pour s'y rendre, un Boeing, spécialement affrété pour 12 000 euros par la Warner, décolle du Bourget. À son bord, il y a Læticia et ses deux filles, bien sûr. Mais aussi les amis que la jeune femme veut voir à ses côtés. On y retrouve les chefs Hélène Darroze et Jean-François Piège. Ces deux intimes faisaient partie des rares personnes présentes à Marnes-la-Coquette, le soir où Johnny a poussé son dernier souffle. Dans l'avion, il y a aussi les musiciens Maxime Nucci et Yarol Poupaud, devenus des inséparables de Johnny.

À leur arrivée sur l'île, chacun a droit à sa villa et son chauffeur privé.

David et Laura, eux, ne sont pas dans l'avion. Ils ont refusé de rejoindre la bande. Ils voyagent en jet privé, aux frais de David. Ils font bande à part. Déjà. Et ça ne va pas s'arrêter là. Sur place, ils n'acceptent pas de se rendre au dîner à la villa *Jade* organisé par Lætičia. Ils ne participent pas non plus à cet hommage en chansons devant le cercueil au funérarium. Pour eux, tous ces sourires, cette musique, la fête, c'est n'importe quoi ! Ce n'est ni le lieu, ni le moment.

11 DÉCEMBRE 2017

C'est le jour des funérailles de Johnny dans le petit cimetière de Lorient. Le jour d'une nouvelle trahison de Læticia, estiment surtout Laura et David. Elle leur avait promis que l'inhumation se déroulerait dans l'intimité de la famille. Au lieu de cela, ils sont une trentaine autour de la tombe. David et Laura fulminent. Décidément, ils ne peuvent pas faire confiance à leur belle-mère ! Alors le lendemain, ils quittent l'île, sans prévenir personne. Surtout pas Læticia.

Officiellement, la guerre n'est pas encore déclarée. Pourtant, elle a déjà commencé. Et les premières grenades s'apprêtent à être lancées.

FÉVRIER 2018

C'est David qui attaque le premier, moins de deux mois après la mort de son père. Il fait dire, par la voix de son avocat, qu'il n'a aucune intention de collaborer à l'album posthume de son père qui est en préparation. Il précise aussi qu'il n'a pas cherché à appeler Lætícia Hallyday au cours du mois de janvier. Elle-même ne lui aurait pas donné de nouvelles.

Dix jours plus tard, c'est au tour de Laura de sonner la charge. L'offensive est massive, violente. Elle se fait en deux temps. D'abord, il y a ce communiqué envoyé à l'AFP par ses avocats. Ils annoncent que Laura, soutenue par David, va contester l'héritage de Johnny. Dans la foulée, la fille du rockeur publie un texte à la première personne. Une bombe. Elle écrit : « J'ai appris, il y a quelques jours, que tu aurais rédigé un testament nous déshéritant totalement, David et moi. Il y a encore quelques semaines, tu me disais à table : "Alors, quand est-ce que vous faites un enfant ?" Mais que vais-je pouvoir lui transmettre de toi, toi que j'admire tant ? Tant de questions sans réponses. Toutes ces fois où on a dû se cacher pour se voir et s'appeler ! Il m'est encore insupportable de ne pas avoir pu te dire au revoir, papa, le sais-tu au moins ? »

Quatre jours après la publication de la lettre de Laura, *Le Point* publie des extraits du testament manuscrit de la star. Ils confirment ce qu'avance la fille de Nathalie Baye. Ce testament a été rédigé en anglais le 11 juillet 2014 à Los Angeles. Il est écrit en anglais et est conforme au droit de Californie où le couple Hallyday était installé depuis 2013. Il est intitulé *« Last will and testament of Jean-Philippe Smet »*, « Testament et dernières volontés de Jean-Philippe Smet », le vrai nom de Johnny. Il est sans équivoque : l'interprète de « Tennessee » lègue l'ensemble de sa fortune à Lætīcia. Rien n'ira à Laura et David. Choquant ? Le chanteur se justifie. D'abord, contrairement au droit français, le droit américain l'autorise à déshériter ses enfants. Et puis, il a suffisamment donné à ses aînés de son vivant. À David, il a cédé la moitié de cette propriété achetée avec Sylvie Vartan : 400 m² avec 600 m² de terrain, située dans la très huppée villa Montmorency, dans le XVIe arrondissement de Paris. La résidence est estimée à près de 20 millions d'euros. Laura, elle, il l'a aidée pour acheter deux appartements à Saint-Germain-des-Prés. Le dernier, un 106 m² rue Bonaparte, a été en partie payé grâce aux 400 000 euros versés par Johnny à sa fille. En plus, depuis 2004, elle perçoit une rente de 5 000 euros chaque mois pour rembourser le crédit immobilier. Les deux aînés ont été assez gâtés, estime donc Johnny. Lætīcia, mais surtout Joy et Jade, elles, sont bien plus vulnérables. Les filles sont petites. Elles vont avoir besoin d'argent pour leurs études. Il se doit de les protéger. Et de tout léguer à leur mère.

Mais au fait, l'héritage de Johnny, c'est quoi exactement? « Une montagne d'emmerdes », a dit Læticia il y a quelques mois. C'est vrai, le Taulier n'était pas un comptable exemplaire. Selon des proches, c'était surtout un dépensier invétéré. Comme l'a expliqué il y a quelques années, le compositeur Pierre Billon, l'un de ses plus vieux copains: « Quand tu fais des voyages avec Johnny, tu passes à Noirmoutier, il veut acheter une maison. Un peu plus loin, tu passes à Nantes, et il trouve que c'est une bonne idée d'acheter un hôtel, et dix minutes après, il trouve que c'est une fantastique idée de monter un restaurant. Il était un acheteur compulsif, ça c'est sûr. » Le rockeur flambait entre 200 000 et 400 000 euros chaque mois pour assurer son train de vie – c'est en tout cas ce que racontait l'un de ses anciens conseillers fiscaux en 2011.

Pour couronner le tout, il avait des soucis avec l'administration fiscale. Celle-ci lui a même collé un redressement de 13 millions d'euros. Au total, l'ardoise de Johnny, quand il meurt, s'élève à 30 millions d'euros.

Mais la star n'était pas seulement un panier percé. C'était aussi une machine à cash. Les plus généreux évaluent ainsi l'héritage à 100 millions. Les plus raisonnables à 45. Dans le lot, il y a d'abord le patrimoine musical : plus d'un millier de chansons. Soit une cinquantaine de millions d'euros de redevance à percevoir sur la durée de protection des droits de chanteur-interprète. Il y a aussi toute une collection de voitures de luxe, entre autres une Bentley Continental d'une valeur de 350 000 euros et une Lamborghini, celle des *Batman* de Christopher Nolan. Un certain nombre de motos aussi, des Harley-Davidson pour la plupart, les préférées du rockeur.

Mais la succession Johnny Hallyday, c'est surtout un impressionnant patrimoine immobilier. Il n'y a plus la villa *Lorada*, cette incroyable propriété de 1 000 m^2 à Saint-Tropez, que Johnny a revendue dans les années 2000. Ni le chalet de 320 m^2 à Gstaad, qui a aussi été cédé en 2015, pour environ 10 millions d'euros. Mais il reste tout de même la *Savannah*, cette propriété de Marnes-la-Coquette, où le Taulier s'est éteint : 900 m^2 habitables, six chambres, un parc d'un hectare, une piscine extérieure, un terrain de tennis, une salle de musculation. Il y a même un cinéma privé qui peut accueillir une vingtaine de personnes. Mise en vente 26 millions d'euros par Lætícia, elle n'a aujourd'hui toujours pas trouvé preneur. Et ce, malgré un prix revu largement à la baisse. Désormais, il est « seulement » question de 10,5 millions d'euros.

Et puis il y a les pied-à-terre à l'étranger : Johnny a peut-être fini ses jours en France, mais c'est en dehors de l'Hexagone qu'il passait le plus clair de son temps. À Los Angeles, où le couple était installé, il s'est fait construire une maison de 1 100 m^2 dans le quartier de Pacific Palissades, l'un des plus huppés de la ville. Elle est estimée entre 10 et 15 millions d'euros. Il aurait fait une autre acquisition dans la Cité des Anges, une maison qui serait louée. Et puis il y a la villa *Jade* à Saint-Barth, elle aussi évaluée entre 10 et 15 millions d'euros.

Cela fait donc beaucoup d'argent. David mais surtout Laura ne veulent pas y renoncer. Alors leurs avocats vont se battre et tout contester. D'abord le dernier lieu de résidence de leur père. Pour eux, c'est la France et pas la Californie. La question est cruciale car cela déterminera le droit qui devra s'appliquer pour l'héritage. Il y a un autre point essentiel : le moment où Johnny a rédigé ce dernier testament. Parce qu'en dix ans, quatre versions auraient été écrites. Est-ce qu'il était en possession de tous ses moyens quand il a paraphé la dernière ?

Tous les spécialistes du droit de succession le disent : cet « héritage Johnny » va être un marathon judiciaire. D'autant que le montage financier mis en place par la star avant sa disparition est complexe. L'ensemble de son patrimoine a été transféré dans le giron d'un trust californien baptisé JPS, pour « Jean-Philippe Smet ». Lætica en est la seule bénéficiaire, mais elle ne peut pas y toucher puisque la gestion a été confiée à un *trustee*. Un *trustee*, c'est un organisme tiers chargé de faire fructifier l'argent. En l'occurrence, il s'agit de la très sérieuse Bank of America.

Mais pour David et Laura, il y a bien plus grave que ce montage lui-même. Ce sont les personnes qu'il y a derrière : les Boudou, la famille de Læticia. Sacrée famille que ces Boudou ! Dans le rôle du patriarche, il y a d'abord le père, André. C'est un homme d'affaires redoutable, condamné par le passé à de la prison pour fraude fiscale. C'est aussi un homme du Sud, au sang chaud. C'est lui qui a présenté sa fille à Johnny. Avec le rockeur, ils ont été inséparables. En 2003, ils ont même investi ensemble dans une boîte de nuit à Paris, *L'Amnesia*. Mais l'histoire s'est mal finie : ils ont fini par se fâcher, à mort. Læticia a d'abord essayé de les réconcilier. Avant de s'éloigner à son tour de son père. L'autre personnage central du clan, c'est la grand-mère, Elyette, qu'on connaît plus sous le surnom « Mamie Rock ». Elle est discrète, mais très influente. Jamais très loin de Læticia, c'est elle qui a été nommée à la tête des sociétés gérant les droits et l'image de l'interprète de « L'Envie ». Et puis il y a le frère, Grégory. Il gère une boîte de nuit au Cap d'Agde, et a surtout été nommé exécuteur testamentaire de l'héritage de Johnny.

Pour les enfants aînés de Johnny, l'omniprésence des Boudou dans cette succession n'est pas seulement insupportable. C'est surtout le signe que leur père était sous emprise. Ils dénoncent le schéma mis en place et saisissent le tribunal de Nanterre de deux actions judiciaires parallèles : une action au fond, pour trancher sur le dispositif, et une autre en référé, pour qu'en attendant que la décision soit rendue, ils obtiennent trois choses à titre « conservatoire ». D'abord le gel des avoirs de Johnny, ce qui empêche notamment la vente des différentes propriétés. Ensuite, le blocage des sommes perçues par les sociétés de gestion collective. Et, enfin, un « droit de regard » sur l'album posthume de leur père.

Un beau sac de nœuds que cet héritage Johnny ! En attendant que la justice le démêle et pour influer sur sa décision, les deux camps vont chercher à gagner le cœur et l'esprit des Français. Chaque camp se livre à un intense travail de séduction médiatique, qui sera surtout de la destruction médiatique.

11 AVRIL 2018

Après les assauts de David et Laura, Lætitia contre-attaque avec sa première interview depuis la mort de son mari. Même si elle se dit prête à pardonner, elle y va au lance-flammes et annonce dans *Le Point*: « On me vole mon deuil, on me roue de coups. On nous assigne, mes filles et moi, en précisant bien que nos enfants sont des enfants adoptées. C'est d'une violence! » Même si David et Laura ne sont pas nommés, cela ne trompe personne.

Deux jours plus tard, elle perd pourtant une première manche judiciaire. La chambre des référés du tribunal de grande instance de Nanterre décide de geler les biens immobiliers français de Johnny Hallyday comme le réclamaient Laura et David. Lætitia obtient tout de même qu'ils n'aient pas de droit de regard sur l'album posthume. Premier camouflet pour la veuve de Johnny, donc. Mais son clan n'a pas dit son dernier mot. Pour la conseiller, la fille peut compter sur l'aide précieuse de Mimi Marchand, la papesse de la presse people, la reine des coups un peu tordus aussi. Pas inutile, par les temps qui courent.

Pendant des semaines, des mois, *Gala*, *Voici*, *Closer*, mais aussi tout le reste des médias vont aller de vrais-fausses révélations en confidences plus ou moins vérifiées. Les livres sur le couple, sur Johnny, sortent les uns après les autres. C'est l'heure du grand déballage. Les uns disent: Lætitia est une veuve noire, manipulatrice égocentrée, dépensière et colérique, obsédée par son image. Les autres répondent que Laura a toujours été jalouse parce qu'avec Lætitia, elles n'ont que huit ans de différence d'âge. Dès que Lætícia est entrée dans la vie de Johnny, Laura lui a mené une vie d'enfer. On ressort les mémoires de Johnny où l'actrice en prend pour son grade.

Tandis que leurs avocats tentent de trouver un terrain d'entente, les acteurs principaux de ce soap à la française se rendent coup pour coup. Quand l'avocat de Lætícia dit que sa cliente ne dispose pas de revenus et doit restreindre son train de vie, le clan David et Laura s'indigne. D'après eux, elle louerait les villas qu'elle a sur l'île, jusqu'à 45 000 dollars la semaine. Les clients la paieraient en liquide, comme ça se fait là-bas. Au passage, on apprend que ce n'est pas une, mais trois propriétés que Lætícia posséderait sur l'île.

OCTOBRE 2018

L'album posthume de Johnny sort. Lætícia fait le JT de TF1. Elle repart à la charge. Elle parle de « beaucoup de choses orchestrées, de haine, de mépris, d'humiliation, des mensonges qui vous font mal ». Mamie Rock, elle, se montre sur M6. Elle se lâche et parle de la « méchanceté » de David et Laura. Elle raconte aussi une confidence que lui aurait faite Johnny : « Mes deux aînés, ce sont deux diables. »

Un mois plus tard, David sort du silence en même temps qu'il sort un nouvel album. Dans les interviews, il y va à la sulfateuse. Il dit qu'il ne pardonnera jamais à Lætícia. D'ailleurs, il se refuse à prononcer son prénom. Ne pas avoir pu dire adieu à son père restera un regret éternel. « Éternel », c'est d'ailleurs le titre d'une chanson de son album.

Quelques jours plus tard, le tribunal de grande instance de Paris ordonne le gel de 37,5 % des royalties dues par les maisons de disques Sony, Universal et Warner sur les ventes d'album. Et notamment le dernier, qui cartonne. Sale nouvelle pour Lætícia, qui vit entre Saint-Barth et Los Angeles. Elle accuse le coup.

DÉCEMBRE 2018

Johnny est mort il y a un an. Cette bataille épuise Lætícia, elle a besoin de changer d'air. Pendant les fêtes, elle part avec ses filles et son amie Hélène Darroze. Direction le Vietnam, le pays d'origine de Jade et Joy. La veuve respire un peu. Pas pour longtemps.

L'année 2019 est aussi violente que la précédente. Les mêmes coups bas, les mêmes reproches pleuvent, de part et d'autre. Les décisions de justice s'enchaînent, quasiment toutes à l'avantage de David et Laura. D'abord, la justice américaine refuse de faire entrer une partie de l'héritage dans le trust JPS, vous savez, cette entité créée par Johnny pour y placer sa fortune. Puis, c'est le tribunal de Nanterre qui tranche. Il considère que le pays de résidence habituelle de Johnny, c'est la France. Il s'estime donc compétent pour juger le litige. C'est une nouvelle défaite pour Lætitia. Elle dit encore qu'elle ne veut rien céder. Mais il faut bien se rendre à l'évidence : elle est en train de perdre son bras de fer. Elle a besoin d'aide.

C'est ce moment que choisit André Boudou pour revenir dans le jeu. Il revoit sa fille. Il met fin à leur brouille. Il la rassure. Il ne faut pas qu'elle s'inquiète, il va reprendre les choses en main. Lætitia lui fait confiance. André congédie son avocat et en engage de nouveaux. Il sent bien qu'il va falloir négocier. Les discussions s'engagent avec les conseils de Laura et David.

ÉTÉ 2019

La paix approche. Mais elle n'est pas encore là. Un nouveau psychodrame va se jouer alors que l'été se termine. Lætitia veut exhumer la dépouille de Johnny pour la transférer dans un caveau familial plus grand.

Certainement pas, dit Laura qui obtient la suspension du déplacement du corps. Alors qu'on ne l'avait plus entendue depuis longtemps, elle prend la parole publiquement sur son compte Instagram. « Mon père va être exhumé et je l'apprends par la presse. Quand sera respecté notre lien filial ? Des promesses faites face caméra, mais dans la réalité rien. » C'est l'occasion d'une nouvelle passe d'armes avec Læticia qui crie au mensonge. Elle dit sur son compte Instagram que « la mémoire de [son] homme est bafouée chaque jour, son histoire réécrite chaque jour ». Il faudra attendre janvier 2020 pour que l'exhumation ait lieu.

Ainsi se poursuit le duel. Sans pitié. Pourtant, Laura et Læticia aimeraient peut-être passer à autre chose. Toutes deux ont trouvé l'amour. En juin, la fille de Johnny s'est mariée avec l'entrepreneur Raphaël Lancrey-Javal. La mère de Jade et Joy, elle, a entamé depuis l'automne une nouvelle relation avec le restaurateur Pascal Ballan. Elle tombera ensuite amoureuse de l'acteur et réalisateur Jalil Lespert.

De guerre lasse, cette dernière renonce à faire appel de la décision du tribunal de Nanterre. Ses avocats, poussés par André, son père, accélèrent les négociations. On touche au but.

3 JUILLET 2021

La délivrance a lieu après deux ans et demi. Dans un communiqué, Læticia annonce qu'un accord a été trouvé avec Laura. Elle va lui verser 1,5 million d'euros. La comédienne va aussi pouvoir récupérer quelques objets de son père qui lui sont chers : il y a ce canapé en cuir qui trônait fièrement dans son bureau de Marnes-la-Coquette. Il y a aussi une statue et une paire de santiags. Elle obtient en plus les droits de la chanson « Laura » que son père avait écrite pour elle en 1986. David, lui, renonce à tout héritage. Il donne même un million d'euros à sa demi-sœur. Il récupère tout de même les droits des albums *Sang pour sang*, qu'il avait entièrement composé pour son père, et *Cadillac*, sur lequel figurent deux de ses chansons. Quant au droit moral de l'œuvre du Taulier, c'est-à-dire l'utilisation de sa musique ou de son image, il sera partagé entre Laura, David et Læticia.

Il aura donc fallu deux ans et demi pour que l'affaire Johnny trouve enfin une issue. Deux ans et demi d'une bataille épique où tous les coups auront été permis. Deux ans et demi d'une guerre juridique et médiatique qui aura tour à tour passionné, choqué et dégoûté les Français. Deux ans et demi ou le mythe Johnny aura été abîmé par la révélation de détails sordides, le lancement de méchancetés gratuites. Mais, aujourd'hui, plus de six ans après son décès, il reste encore une idole, la plus grande star de la chanson que le pays ait jamais connue.

Quant à Læticia, Laura et David, ils ne se parlent plus. Pire, la hache de guerre n'a toujours pas été enterrée. Rien n'a été pardonné. Régulièrement, ils s'expriment pour dire tout le mal qu'ils pensent les uns des autres. Récemment, Jade et Joy, qui ont bien grandi, sont même entrées dans la danse. Dans une interview Sept à Huit en décembre dernier, elles ont eu des mots très durs à l'encontre de leur demi-sœur et leur demi-frère. « Quand Laura et David sont partis de Saint-Barth, on ne les a plus vus, a dit Jade, l'aînée de 19 ans. Plus de nouvelles. Ils ont dit des horreurs sur notre mère. Ils ont créé des histoires, des choses très, très douloureuses. » Joy a rajouté : « C'est triste parce qu'après le départ de papa, on aurait pu avoir un lien encore plus fort, se rapprocher, être soudés. Passer des moments en famille. Mais ce n'a pas été le cas. » David a répondu. Diplomate, il a dit qu'elles étaient encore trop jeunes pour être responsables de ce qu'elles faisaient.

Bientôt, Læticia pourrait bien rallumer le feu. Elle serait en effet en train d'écrire un livre autobiographique. Avec l'aide du Prix Renaudot Simon Liberati, elle y dévoilerait tout de sa vie. La lutte pour l'héritage devrait y figurer. La sortie est attendue pour 2025.

FILS BERRI

FRÈRES ENNEMIS

La vie est aussi une question de détails. Parfois, ils peuvent faire déraper le cours des choses, scinder des familles, briser des amitiés. Dans l'histoire Berri, ce détail est une table, mais pas n'importe laquelle. Elle est signée de l'artiste Diego Giacometti et appartient à la série dite « aux oiseaux et aux grenouilles ». Son prix estimé ? Au bas mot, 300 000 euros.

HIVER 2015

Quand le producteur Thomas Langmann rend visite à son demi-frère Darius, il la remarque, cette table. Et il s'étonne, et pose des questions : « D'où sort-elle ? Pourquoi ne figure-t-elle pas dans l'inventaire réalisé après la mort de papa ? » Questions qui restent sans réponses, ou du moins pas celles qu'il attend. Il ne va pas en rester là.

C'est ainsi que débute l'histoire de l'héritage de Claude Berri, l'une des histoires de succession les plus rocambolesques que la France ait connues ces vingt dernières années. Une affaire dans le milieu des ultra-privilégiés parisiens, où l'on cultive l'entre-soi et le goût du secret. Une affaire où se côtoient le très discret marché de l'art, avec ses experts et ses commissaires-priseurs, et les paillettes du monde du cinéma, avec ses stars et ses caprices. Une affaire où des chefs-d'œuvre disparaissent et des sacs de cash apparaissent. Où il est aussi question de drogue et d'argent, d'amour trahi et de blessures d'enfance.

12 JANVIER 2009

Ce matin, le cinéma français est en deuil. Claude Berri vient de mourir. La veille, il avait été admis à l'hôpital de la Pitié-Salpêtrière après un AVC massif. Sa disparition est un choc. Car Claude Berri est un monstre sacré, un totem, une institution dans le cinéma français. Il est l'homme derrière les plus gros cartons du box-office des trente dernières années. À lui seul, il cumule près de 200 millions d'entrées.

Rien ne prédestinait ce petit garçon juif né avant-guerre à faire fortune. Son père est un fourreur polonais établi dans le Xe arrondissement de Paris. Sa mère est une ouvrière roumaine. Il passe la guerre cachée dans une famille d'accueil à la campagne. À l'époque, il s'appelle encore Claude Langmann.

Ce n'est que pour lancer sa carrière qu'il prend le nom de Berri.

PARIS, DÉBUT DES ANNÉES 1960

Claude n'a pas encore d'argent, mais il a des idées et du talent. Il veut faire du cinéma. Il tente de devenir acteur, puis devient metteur en scène. Il n'a pas 30 ans quand il réalise son premier court-métrage, *Le Poulet*. Le coup d'essai est un coup de maître : il remporte un oscar. Suivront, en quarante-cinq ans, une bonne vingtaine de films, des succès pour beaucoup, comme *Le Vieil Homme et l'Enfant*, *Le Maître d'école*, *Jean de Florette*, *Germinal*…

Mais Claude Berri devient surtout LE grand producteur du cinéma français, le Gargantua des salles obscures. Rien ne se fait sans lui et sa société de production, Renn. Il fait et défait les carrières. Coluche l'a bien décrit quand, en 1986, il monte sur la scène du théâtre de l'Empire pour récupérer son césar de meilleur acteur pour son interprétation de pompiste dépressif dans *Tchao Pantin* et lâche : « Je remercie Claude Berri… Comme tout le monde. » La salle rit. C'est tellement vrai !

On surnomme Berri « le dernier nabab du cinéma français ». Lui, un barreau de chaise en permanence entre les dents, en adopte les codes : il se montre tyrannique parfois, omnipotent toujours. Il fait de l'argent, beaucoup d'argent, énormément d'argent. Des années 1980 aux années 2000, il est derrière les plus gros succès du cinéma français. *L'Ours*, de Jean-Jacques Annaud ? c'est lui. Les deux premiers *Astérix* ? encore lui. *Les Trois Frères, Gazon maudit, Didier* ? toujours lui. Un an avant sa mort, il participe à ce qui reste à ce jour le plus gros succès du cinéma français : *Bienvenue chez les Ch'tis*. Film qui engrange à lui seul plus de 20 millions d'entrées !

Mais Berri est plus qu'un businessman. Il est d'abord un homme qui voue un culte au cinéma, un producteur à l'ancienne, un écorché vif qui suit ses passions. Dans son autobiographie parue en 2003*, il écrit : « Je n'ai jamais voulu faire des affaires. J'ai partagé le magot. » D'ailleurs, à la fin des années 1970, il se met quasiment sur la paille pour soutenir le film *Tess*, de Roman Polanski.

---

* *Autoportrait*, Léo Scheer Éditions.

15 JANVIER 2009

Rien d'étonnant donc que les plus grands noms du 7e Art assistent à ses funérailles. Elles se déroulent au carré israélite du cimetière de Bagneux, en banlieue parisienne. Catherine Deneuve, Alain Delon, Isabelle Huppert sont là. Roman Polanski et Claude Lelouch aussi.

Au premier rang, serrés les uns contre les autres, il y a les membres de la famille, ou plutôt des familles de Claude Berri. Car la vie privée du producteur-cinéaste fut à l'image de sa vie professionnelle : passionnée et torturée. Au cimetière, il y a l'écrivaine Nathalie Rheims, sa dernière compagne. Ensemble, ils ont créé une société de production, Hirsch Productions. Pendant dix ans, elle a aimé Claude à la folie. Il se dit d'ailleurs qu'elle a passé les trois nuits précédant cet enterrement, allongée près de lui.

À Bagneux, il y a aussi le fils aîné de Claude, Thomas Langmann, 37 ans. Comme son père, il est devenu producteur de cinéma. La sœur de Claude Berri, Arlette Langmann, est également là. Enfin, à leurs côtés, il y a Darius, le petit dernier, de quinze ans plus jeune que Thomas. Il est né de la relation de Claude Berri avec la costumière Sylvie Gautrelet, rencontrée sur le tournage de *Germinal*. Contrairement à son père et son frère, le jeune Darius est plus discret, plus mystérieux : il ne verse pas dans la pellicule, il a préféré des études de philosophie. À vrai dire, il se cherche un peu.

Tant de choses séparent ces gens-là. Et pourtant, là, en cet après-midi de janvier, devant le cercueil qui va être mis en terre, ils forment une tribu unie, indestructible. Une crainte affleure malgré tout : cette belle unité va-t-elle tenir quand il faudra se partager le patrimoine de Claude ? Car l'héritage promet d'être énorme. Il y a d'abord ce 200 m^2 dans la très chic rue de Lille, dans le non moins huppé VIIe arrondissement de Paris. C'est d'ailleurs là que vivent Nathalie Reims et Darius. Berri était aussi propriétaire de plusieurs appartements. Il possédait également une magnifique propriété à Roussillon, dans le Luberon. Et puis, il y a son catalogue de films. Ainsi que 6 millions d'euros sur des comptes en banque. Mais surtout, Claude Berri laisse une magistrale collection d'œuvres d'art contemporain. Des centaines de pièces exceptionnelles qu'il a amassées depuis les années 1970. Des peintures, des dessins et des sculptures de Dali, Picabia, Klein. Des photographies de Brassaï ou de Man Ray. Sans compter du mobilier créé par les plus grands artistes et designers comme Diego Giacometti ou Jean Prouvé. Le moindre tapis, la plus petite des statuettes africaines que l'on trouve rue de Lille mais aussi dans la bastide provençale, valent de l'or.

Au fil des ans, Claude Berri était devenu un collectionneur compulsif. Et cette passion avait fini par le dévorer : « Dubuffet, quand j'en étais fou, je me réveillais la nuit pour bouger ses toiles, disait-il. Je pourrais vivre sans le cinéma, pas sans la peinture et la photographie. »* Ce besoin devenu viscéral lui coûtait très cher. En 1987, il vend 50 % de sa société de production pour se dédier plus encore à ses collections. Il cède même les 50 % restants du capital neuf ans plus tard, toujours à cause de son obsession pour l'art.

Quand il meurt, c'est donc une formidable fortune que Claude Berri laisse à ses héritiers, constituée aux deux tiers par les œuvres d'art. Ses héritiers, au nombre de deux, s'attendent donc à recevoir chacun moitié de l'héritage. Sauf que rien ne se passe comme prévu. À la lecture de l'héritage, Thomas tombe des nues : Darius aura 75 % de l'héritage, et lui, seulement 25 %.

Au-delà du choc, on comprend que Claude Berry a en réalité voulu s'assurer que son fils Darius aurait bien une part d'héritage. Enfant né hors mariage en 1986, il était à l'époque exclu de la succession par la loi, et son père lui avait donc réservé un montant.

---

* « Deux ou trois choses sur Claude Berri », *Le Monde*, 22 mars 2007.

En 1990, la loi change, pour inclure les enfants « illégitimes », mais pas le testament, qui avantage donc maintenant Darius. Et voilà les deux frères dressés l'un contre l'autre, malgré eux.

Pourtant, tout se passe finalement, pacifiquement. Car Darius renonce à la préférence paternelle. Il propose à son demi-frère, moyennant une prise de participation dans une société de cinéma notamment détentrice des droits de *Bienvenue chez les Ch'tis*, de faire 50-50. Thomas lui en est infiniment reconnaissant. L'amour rayonne. Rien ne pourra diviser la fratrie. C'est encore ce que tout le monde croit…

Reste que maintenant, il faut inventorier la gigantesque collection de leur père. C'est un travail titanesque. D'autant que Thomas ne connaît rien à l'art contemporain. Darius, lui, s'y intéresse, mais il est si jeune ! Nathalie Rheims peut bien sûr les aider. C'est avec elle que Claude Berri courait les marchands d'art et les biennales. Et puis elle est la fille de Maurice Rheims, célèbre commissaire-priseur. Elle connaît ce milieu. Mais ce ne sera tout de même pas suffisant. Il y a tellement d'œuvres à droite, à gauche : dans le Luberon, rue de Lille, mais aussi dans des boxes de stockage, et notamment chez Chenue, ce fameux garde-meuble spécialisé où est conservée une partie du trésor. Il faut des professionnels.

C'est à ce moment que la providence met Marc Blondeau sur le chemin des deux fils. Marc Blondeau est celui qui murmure à l'oreille des plus grands collectionneurs d'art, comme François Pinault. Pendant trente ans, il a été un ami et un conseiller de Claude Berri. C'est à ce titre qu'il accepte de prêter main-forte à Thomas et Darius. Il fait appel à un célèbre commissaire-priseur et à une batterie d'experts. Ensemble, ils vont estimer une à une les pièces de l'héritage Berri.

Le recensement a lieu entre mars et mai 2009. Vient ensuite l'évaluation du trésor Berri, ce que les professionnels appellent la « prisée ». Darius est là tout le temps. Thomas, jamais. Trop happé par sa vie de producteur.

MI-JUIN 2009

Le montant de l'héritage en œuvres d'art est estimé à 64,5 millions d'euros ! C'est en tout cas ce chiffre que communiquent les deux frères à l'administration fiscale. Logiquement, ils devraient payer des droits de succession monstrueux : 32 millions d'euros au total, seize pour Darius, seize pour Thomas. Sauf qu'ils préfèrent s'acquitter de cette somme en nature : ils se sont mis d'accord avec le Centre Pompidou pour faire une donation de neuf œuvres. Leur valeur estimée couvre l'impôt qu'ils auraient dû verser.

Mais à quelques jours du transfert des œuvres, c'est le coup de théâtre. Un courtier, missionné par le Qatar, leur fait une offre qu'ils ne peuvent pas refuser : 52 millions d'euros pour ces mêmes neuf pièces. L'affaire se conclut. Les œuvres partent dans le Golfe. Le musée Pompidou n'aura rien. C'est le premier couac d'une affaire qui va en connaître bien d'autres.

Cela ne change rien entre Thomas et Darius. Ils restent unis comme ils l'étaient à l'enterrement. Et puis ce qui est parti à Doha est une goutte dans l'océan de ce qu'il reste à se répartir. Car les experts ont dénombré pas moins 1 200 pièces d'art dans la collection Berri !

DÉCEMBRE 2011

Ce n'est que trois ans après la mort de leur père que les deux frères vont procéder au partage. Ils se retrouvent dans l'ancien bureau de leur père. Et laissent faire le hasard. Chacun tire une enveloppe où sont inscrits des lots de valeur équivalente. Grand seigneur, Thomas laisse en plus la rue de Lille et la bastide du Luberon à Darius. L'argent n'a jamais été un problème pour lui. Mais, à cette époque, il l'est encore moins. À la tête de La Petite Reine, sa société de production, il vient de financer un film en noir et blanc dont personne ne voulait : *The Artist.* C'est un raz-de-marée. Jean Dujardin a déjà remporté le prix d'interprétation à Cannes. La route des Oscars est en train de s'ouvrir. Thomas Langmann est en lévitation.

Quelques jours après cette cérémonie des enveloppes, les deux frères actent le partage devant notaire. Et deux ans plus tard, en décembre 2013, la succession est close. Il reste encore des pièces à se partager. Une liste complémentaire doit être établie. D'un commun accord, c'est Darius qui va superviser son élaboration.

Les deux frères ont su régler les choses avec élégance et compréhension. Le Tout-Paris est admiratif : quelle belle preuve de sagesse et de maturité ! Désormais, chacun va pouvoir vivre sa vie.

Il y a quelques mois, Thomas Langmann s'est marié avec la présentatrice et journaliste Céline Bosquet. Une union fastueuse à 800 000 euros, célébrée en Corse, devant trois cents invités. Il y avait la famille, bien sûr, mais aussi la bande d'amis du producteur : Guillaume Canet, Marion Cotillard, Jean Dujardin, Michel Hazanavicius, Richard Anconina... Darius vit loin de ce strass et de ces paillettes. Amoureux de la nature, il hésite encore sur ce qu'il va faire. Mais au moins, lui comme Thomas s'offrent un peu de sérénité après la disparition douloureuse de leur père.

Sauf que le poison du doute va peu à peu s'immiscer dans la fratrie. Lentement, il va se diffuser. Jusqu'à briser les liens, et tout emporter. C'est Thomas Langmann qui va rompre cette belle harmonie.

2014

Thomas s'impatiente. Il veut que le partage ait vraiment lieu, que les œuvres restées dans le Luberon et rue de Lille lui reviennent. Il le dit plusieurs fois à Darius. L'écrit même, dans une lettre qu'il a ensuite présentée à un juge : « Nous devons rapidement en finir avec tous ces petits sujets d'art. Faire retomber la pression et la rancune accumulée de chaque côté. » Darius le rassure : « Ne t'inquiète pas. Tu vas récupérer ce qui te revient. » Le temps passe. Mais rien ne bouge. Les œuvres continuent d'être ballottées, d'un garde-meuble à un autre, d'appartement en appartement.

HIVER 2015

Lors d'une visite impromptue rue de Lille, Thomas remarque la table de Giacometti. Elle ne figure pas dans l'inventaire. Le doute se transforme en suspicion. Et la suspicion en colère. Thomas Langmann exige des explications. Pour seule réponse, Darius et Nathalie Rheims lui disent qu'il fabule. La rupture n'est pas loin.

ÉTÉ 2015

Darius est parti en vacances. Thomas en profite pour retourner chez son frère. Il estime qu'il en a le droit de toute façon puisque c'est aussi le siège d'une société de son père restée en sommeil. Thomas fouille dans les dossiers, repart avec des ordinateurs, deux disques durs, des classeurs, six CD-ROM. Y figurent, dit-il, les fichiers de l'inventaire des œuvres réalisé en 2009. Ce même jour, un huissier est missionné par le tribunal de grande instance saisi par Thomas Langmann. Il visite les autres domiciles de Darius, mais aussi l'appartement de sa mère, Sylvie Gautrelet, qui habite dans le même immeuble, rue de Lille, et celui de Nathalie Rheims.

Pendant trois jours, l'huissier va tout répertorier, tout prendre en photo. La moindre toile. Le moindre objet. Avec ces clichés, Thomas en est persuadé : on l'a trompé. Darius, sa mère et Nathalie ont chez eux des œuvres qu'ils ne sont pas censés détenir. Ils ont profité de son indifférence lors de l'inventaire pour le berner. Et puis sur les fichiers que lui-même a récupérés, il y a ce fax. Selon Thomas Langmann, il y est écrit qu'une quarantaine d'œuvres a échappé à l'inventaire. Et ce, au bénéfice de Nathalie Rheims. Il la somme de s'expliquer.

La dernière compagne de Claude Berri tombe des nues. Thomas l'accuse de vol ? Comment ose-t-il la traiter ainsi, elle qui a accompagné son père dans les pires moments ? Elle lui explique qu'avec Claude, ils se faisaient fréquemment cadeau d'œuvres.

Pour le clan Darius et Nathalie Rheims, Thomas a pété un plomb : il raconte n'importe quoi, et à travers cette affaire, il chercherait à solder le passé, et à régler ses comptes avec son père. C'est vrai que la vie du producteur de *The Artist* est loin d'être un fleuve tranquille. Depuis son enfance, le chaos fait même partie de son quotidien. Vu de loin, son existence est celle d'un ultra-privilégié : enfant de la balle, il apparaît à 17 ans dans son premier film, *Les Années sandwiches*. Celui-ci lui vaut d'être nommé une première fois pour le césar du meilleur espoir masculin.

Mais sur les plateaux, il est insupportable, arrogant, irascible, addict. Trop de démons l'habitent.

C'est que son histoire familiale est parsemée de désastres. Le premier est la maladie de sa mère, diagnostiquée maniaco-dépressive quand il a 8 ans. Anne-Marie Rassam est fantasque et magnétique. Mais elle est aussi traversée par des gouffres. Elle fait régulièrement des séjours à Sainte-Anne, le grand hôpital psychiatrique de Paris. Thomas, lui, est souvent livré à lui-même, trimballé entre divers internats pour gosses de riches.

En 1997, Anne-Marie Rassam se suicide en sautant du 9e étage, depuis l'appartement de la mère d'Isabelle Adjani. Claude Berri s'effondre. Thomas et son frère aîné, Julien, aussi. Julien, lui aussi, est un écorché vif qui tente d'échapper à son destin de « fils de ». Un an après la mort de sa mère, il tombe du 3e étage de l'hôtel Raphaël, sous les yeux de sa petite amie de l'époque, Marion Cotillard. Devenu tétraplégique, il met fin à ses jours en 2002. Ce nouveau drame terrasse Claude Berri. Et le plonge dans une dépression profonde dont il ne sortira jamais. Thomas lui aussi est à terre. Il tente de surmonter ces drames en se perdant dans la drogue et des fêtes XXL. Il travaille aussi comme un damné pour monter sa propre société de production, La Petite Reine. Il veut se faire un nom.

Sauf que face à lui, il y a deux références, deux modèles indépassables. D'abord son oncle, Jean-Pierre Rassam, le frère de sa mère. C'est un producteur mythique et borderline, accroc aux chefs-d'œuvre et à l'héroïne. Il est mort en 1985 d'une surdose médicamenteuse. Et puis bien sûr, il y a Claude Berri. Omniprésent tout en n'étant jamais là. Le producteur de *L'Amant* le disait lui-même, il n'était pas fait pour être père, trop égoïste. Dans son autobiographie, il décrit cette scène tellement symbolique : le soir de l'enterrement de sa mère, Thomas appelle son père. Il est minuit. Il a besoin de parler. Berri lui répond seulement : « Tu me réveilles ! » De son fils, Claude Berri disait aussi : « Thomas est doué, mais il court trop vite pour égaler son père. »

Selon le clan Darius et Nathalie Rheims, c'est cette blessure d'amour qui aveugle Thomas Langmann. Trop facile de psychologiser, répond ce dernier. Il n'en démord pas. Il s'est fait avoir. Il affirme d'ailleurs que la collection Claude Berri ne compte pas 1 200 œuvres, mais 1 800. Darius et Nathalie Rheims en auraient donc soustrait 600 de l'inventaire avec la complicité de notaires, des experts, de la dernière secrétaire de Claude Berri, qui était là tout le temps. Cela représenterait plusieurs dizaines de millions d'euros.

Le producteur de *The Artist* dit aussi que ces mêmes experts ont sciemment sous-estimé la valeur de la collection de Claude Berri. Selon lui, elle ne s'élève pas à 64,5 millions d'euros, mais au moins à 202 millions. Thomas déballe tout. Même si cela lui nuit. Il raconte ainsi un épisode ahurissant qui s'est déroulé en 2012. Un jour, il voit « un type débarquer dans son bureau ». Il arrive de Suisse avec des sacs. À l'intérieur, 600 000 euros en billets usagés. C'est la moitié du magot que Claude Berri avait caché à Genève. Sommées de se débarrasser des exilés fiscaux, les banques helvètes ne peuvent plus garder l'argent. Thomas empoche la somme sans rien dire. L'autre moitié a été donnée à Darius. Trois ans plus tard, Thomas Langmann se repend auprès des services fiscaux. Bercy lui colle un redressement de 350 000 euros.

À partir de là, retrouver les pièces d'art manquantes devient l'obsession de Thomas Langmann. Il engage des petites mains pour éplucher les dossiers qu'il a récupérés. Il enquête lui-même. Il attaque en justice et dépense des fortunes en honoraires d'avocat.

AUTOMNE 2015

La justice annule les recherches faites par l'huissier quelques mois plus tôt. Cela ne le décourage pas. Il est certain d'avoir été spolié. Il fera tout pour le prouver.

18 NOVEMBRE 2016

Il dépose plainte pour « abus de confiance ». L'affaire de l'héritage Berri n'était jusqu'alors connue que par quelques initiés du monde du cinéma et de l'art. Elle va éclater au grand jour.

De leur côté, Darius Langmann, Sylvie Gautrelet et Nathalie Rheims restent discrets, malgré la colère et le dégoût que leur inspirent les « élucubrations » de Thomas. Son acharnement les affecte tous. C'est leur parole contre la sienne. Ils laissent parler leurs avocats, qui disent que plusieurs œuvres prétendument subtilisées ont été remises dans l'inventaire, comme la fameuse table de Giacometti. Quant à la prétendue sous-estimation de la collection, ces mêmes avocats accusent Thomas d'en avoir bien profité. Entre 2016 et 2019, il a vendu la majeure partie des œuvres héritées de son père pour des sommes astronomiques.

Bien supérieures en tout cas à ce qu'avaient chiffré les experts. Dans un premier temps, la justice semble leur donner raison.

DÉBUT 2017

L'enquête préliminaire conduite par le parquet est au point mort. Personne n'est convoqué, aucune investigation n'est lancée. Tout accrédite l'idée que Thomas Langmann est « parti en vrille », comme dira plus tard l'avocat de Darius.

C'est vrai qu'à cette époque plus rien ne va dans la vie du producteur. Depuis le triomphe de *The Artist*, il enchaîne les bides et perd des montagnes d'argent. À tel point que sa société de production La Petite Reine fait l'objet d'une procédure de sauvegarde en mars 2018. Côté vie privée, c'est encore pire. Son nom fait aussi les gros titres des rubriques de faits divers.

FIN MAI 2017

Thomas est interpellé et placé en garde à vue alors qu'il s'apprêtait à acheter une dose de cocaïne à un dealer. Deux mois plus tard, son épouse, enceinte de trois mois, le quitte, notamment parce que son mari entretient des liens avec des gens louches, proches du Milieu. Thomas dégoupille. Il la bombarde de messages, certains très agressifs. Au total, il lui en enverra 1 500. Elle porte plainte.

2018

La justice le condamne pour harcèlement à dix mois de prison avec sursis et une obligation de soins. La peine sera allégée en appel deux ans plus tard à 5 000 euros d'amende. Céline Bosquet n'est pas la seule à subir ce traitement. Darius, lui aussi, reçoit des messages injurieux de son frère aîné. Il dépose plainte.

JUIN 2018

Thomas Langmann a droit à un rappel à la loi. Trois mois plus tard, nouveau coup dur pour lui : la Cour de cassation le déboute dans l'affaire de l'héritage. Tout semble perdu pour le patron de La Petite Reine. Et pourtant, il ne veut pas lâcher. Hors de question de laisser Darius, qu'il n'appelle plus que Darius Gautrelet, et Nathalie Rheims s'en tirer comme ça.

NOVEMBRE 2018

Il dépose à nouveau plainte. Cette fois, il se constitue partie civile, pour un futur procès au pénal. Une juge est nommée. Et, pour la première fois depuis que son père est mort, le vent tourne en sa faveur.

JUILLET 2019

Une information judiciaire pour « abus de confiance » et « recel d'abus de confiance » est lancée. La brigade des biens culturels est mise sur le coup.

PRINTEMPS 2021

Plusieurs perquisitions sont menées. D'abord, chez Chenue, le garde-meuble de luxe où sont stockées une partie des œuvres de l'héritage: soixante-seize sont saisies. Puis chez Nathalie Rheims, Darius Langmann et Sylvie Gautrelet, là aussi, les enquêteurs procèdent à des saisies. Les tableaux et objets ne sont pas emportés, mais des scellés sont posés. Les avocats de Nathalie Rheims expliquent combien cela affecte leur cliente: « Imaginez des étiquettes rouges que vous essayez de cacher pour qu'on les voie moins, expliquent-ils au *Figaro*. C'est glauque. Vivre avec ça vous rappelle tous les jours une procédure pourtant infondée. » Thomas Langmann, lui, voit ça comme une première victoire.

18 JANVIER 2022

Une deuxième arrive un an plus tard : la cour d'appel de Paris, saisie par Nathalie Rheims, rend une décision. Elle considère que 434 œuvres de Claude Berri ont été enlevées de la succession. Elle semble aussi penser qu'il y a une entente illicite entre Darius Langmann et Nathalie Rheims pour soustraire des pièces. Tous deux sont abasourdis. Comment la cour peut-elle rendre cette décision alors que les juges ne les ont même pas entendus ? En plus, disent leurs avocats, la décision est truffée d'erreurs. Certaines pièces sont estimées manquantes alors que Thomas les a déjà revendues. D'autres ont été mises dans la liste alors qu'elles appartiennent à Nathalie Rheims. La preuve, elle a encore les factures d'achat ! L'écrivaine est pourtant susceptible d'être mise en examen pour « complicité et recel d'abus de confiance ». Ses avocats forment un pourvoi en cassation toujours en cours. Ceux de Darius sont furieux : « Cet arrêt est un tissu de contre-vérités », disent-ils.

En attendant, la succession de Claude Berri est devenue une petite affaire d'État. Car en menant leurs perquisitions dans les boxes de stockage, les enquêteurs ont mis au jour des œuvres qui n'avaient pas été déclarées. Les impôts forcément s'y intéressent. Une enquête pour fraude fiscale a été ouverte. Elle pourrait concerner Thomas, Darius, mais aussi les commissaires-priseurs, les experts et le conseiller Marc Blondeau. Les deux fils de Claude Berri ont aussi été sanctionnés d'un redressement de 6 millions d'euros chacun. Or, Bercy n'a pas réclamé cette somme en temps et en heure. Est-ce une bévue ou un cadeau ? s'interroge notamment Mediapart. Qu'est-ce que cela cache ?

L'affaire Berri est donc encore loin d'avoir livré tous ses secrets. Elle a en tout cas acté une chose : le déchirement de la famille Langmann. Sauf arrangement surprise ou un non-lieu prononcé par la juge, ils devraient se retrouver face à face prochainement. Le procès au pénal est en effet programmé pour 2025.